एक व्यक्तित्व राजा महेन्द्र प्रताप

ONE PERSONALITY - RAJA MAHENDRA PRATAP

रनवीर सिंह

समर्पण

भारत देश की आजादी के लिए विदेशों में संघर्षरत विश्व बन्धुत्व का महानायक आर्यन पेशवा (सम्राट) राजा महेन्द्र प्रताप - स्वतंत्रता संग्राम का दीवाना, भारत का प्रथम राजघराना, शिक्षाविद, पत्रकार, लेखक, क्रांतिकारी, समाजसेवी, भारत की अनंतिम (निर्वासित) सरकार के अध्यक्ष (राष्ट्रपति) की स्मृति में सादर समर्पित।

क्रम-सूची

प्रस्तावना   vii

1. राजा महेन्द्र प्रताप जन्म व वंशावली   1

2. आधुनिक इतिहास   8

3. प्रारंभिक जीवन और शिक्षा   10

4. स्वतंत्रता आन्दोलन   13

5. नोबेल पुरस्कार नामांकन   16

6. निर्वासन में भारत की अनंतिम सरकार   18

7. स्वदेश वापसी   20

8. राजा महेंद्र प्रताप के योगदान एवं आंकलन   23

9. राजा महेंद्र प्रताप लेख - 1   25

10. राजा महेंद्र प्रताप लेख - 2   26

11. राजा महेंद्र प्रताप लेख - 3   32

12. मौलाना बरकतुल्लाह (भोपाल)   40

13. माय लाइफ स्टोरी सम्पादित (डॉक्टर वीर सिंह)   47

14. राजा महेंद्र प्रताप सिंह राज्य विश्व विद्यालय अलीगढ़   59

15. स्मृतियाँ शेष   64

लेखक - रनवीर सिंह (Ranvir Singh)   89

प्रस्तावना

प्रस्तावना

एक व्यक्तित्व – राजा महेन्द्र प्रताप

ऐसे कई अवसर जीवन में आते हैं जब किसी का किसी से सम्पर्क अथवा उनके जीवन से सम्बन्धित प्रेरणादायक संस्मरण सुनने को मिलते हैं । समय के साथ उनको याद रखना, भूलना एक विशेष स्थिति होती है । ठीक इस तरह ही लेखक को ऐसे कई अवसर प्राप्त हुए जिनके द्वारा राजा महेन्द्र प्रताप सिंह से सम्बन्धित जानकारी प्राप्त हुई और एक सौभाग्य ही कहा जाए कि उस महान मूर्ति के साक्षात दर्शन प्राप्त करने का सौभाग्य प्राप्त हुआ है । जिनमें से कुछ इस प्रकार हैं –

सबसे पहले जब मैं गांव पिसावा जिला अलीगढ़ उत्तर प्रदेश में कक्षा 6 या 7 में पढ़ता था , उस समय मेरी उम्र लगभग 12- 13 वर्ष की थी । पिसावा में कुंवर गुलवीर सिंह के किले के सामने पिसावा पैंठ (हाट-बाजार का स्थान) में उनकी एक जन सभा हुई थी । राजा महेन्द्र प्रताप सिंह के दर्शन करने का सौभाग्य मिला था । उस स्थिति के स्मरण करने पर वह एक सामान्य कद के व्यक्ति, एक कोट (बंद गले का), पेंट , हाथ में एक बैंत तथा चेहरे पर सफ़ेद दाड़ी थी, आज भी याद आता है । आगे की शिक्षा (कक्षा 11- 12) के अध्ययन के लिए नौरंगीलाल गवर्नमेंट इंटर कॉलेज अलीगढ़ उत्तर प्रदेश में प्रवेश लिया । उस समय वहां से कुछ दूरी पर तस्वीर महल चौराहा (नजदीक अलीगढ़ मुस्लिम विश्वविद्यालय) पर राजा महेन्द्र प्रताप सिंह की स्थापित मूर्ति को न जाने कितनी बार देखा । उच्च शिक्षा के लिए अलीगढ़ मुस्लिम विश्वविद्यालय में इंजीनियरिंग में प्रवेश लिया , उस समय वर्ष 1977 (इंजीनियरिंग के चतुर्थ वर्ष में अध्ययन रत) में अलीगढ़ मुस्लिम विशाविद्यालय के शताब्दी समारोह के अवसर पर मुख्य अतिथि के रूप में देखा था । जब कुलपति प्रो. ए.एम. ख़ुसरो ने यूनिवर्सिटी के शताब्दी समारोह में राजा महेंद्र प्रताप सिंह को मुख्य अतिथि बनाया था । उसके बाद विभिन्न अवसरों पर उनके बारे में जानने का अवसर मिला । सेवाकाल के उपरान्त सामाजिक संस्थाओं से जुड़े रहने के कारण राजा महेन्द्र प्रताप सिंह के विषय पर बोलना, वार्षिक पत्रिकाओं में उनके लेख भी लिखे । एक बार सामाजिक संस्था के सदस्यों के साथ मुरसान जाने का अवसर मिला ,जब उनके पारिवारिक सदस्य श्री गरुड़ध्वज सिंह जी से मिलने का अवसर मिला । सूरजमल मेमोरियल शिक्षा संस्थान के अध्यक्ष इंजीनियर कप्तान सिंह के सौजन्य से राजा महेन्द्र प्रताप सिंह से सम्बन्धित कई पुस्तकें प्राप्त की , उनका अध्ययन किया । दिनांक 30 जून , 2024 को सूरजमल संस्थान द्वारा आयोजित "प्रोत्साहन समारोह " में उपस्थिति के समय भी यह पुरानी मांग चर्चा में आई कि राजा महेन्द्र प्रताप सिंह मुरसान – हाथरस उत्तर प्रदेश, दीनबंधु सर छोटूराम हरियाणा तथा भारत के पूर्व प्रधानमंत्री चौधरी चरण सिंह से सम्बन्धित साहित्य को सरकारें शिक्षा के पाठ्यक्रमों में विभिन्न स्तरों पर सम्मिलित करें और राजा महेन्द्र प्रताप सिंह मुरसान – हाथरस उत्तर

प्रदेश, और दीनबंधु सर छोटूराम हरियाणा को भी भारत रत्न से भारत सरकार सम्मानित करे ।

एक संक्षिप्त विवरण -

विश्व बन्धुत्व का महानायक आर्यन पेशवा (सम्राट) राजा महेन्द्र प्रताप - स्वतंत्रता संग्राम का दीवाना , भारत का प्रथम राजघराना, शिक्षाविद , पत्रकार , लेखक , क्रांतिकारी , समाजसेवी , भारत की अनंतिम (निर्वासित) सरकार के अध्यक्ष (राष्ट्रपति) -

1 दिसम्बर 1886 को ब्रजभूमि मुरसान राज्य (तत्कालीन जिला अलीगढ़ , वर्तमान जिला हाथरस) उत्तर प्रदेश के ठैनुआ जाट गोत्र के राजा घनश्याम सिंह की पत्नि दान कौर की कुक्षि (कोख) से तीसरा बालक जिसका नाम खड़ग सिंह रखा गया , पैदा हुआ था । ये तीन भाई दत्तप्रसाद सिंह, बलदेव सिंह और खड़गसिंह थे । राजा हरनारायण सिंह हाथरस उत्तरप्रदेश ने खड़ग सिंह को गोद ले लिया था तब राजा हरनारायण सिंह ने खड़ सिंह का नाम महेंद्र प्रताप सिंह रखा था ।

कॉलेज में पढ़ाई के दौरान 1902 में उनकी शादी हरियाणा के जींद रियासत के सिख परिवार की बलबीर कौर से हुई थी । उनकी बेटी भक्ति का जन्म 1909 में और बेटे प्रेम प्रताप का जन्म 1912 में हुआ । प्रेम प्रताप के नाम पर वृंदावन में प्रेम महाविद्यालय की स्थापना की गई। राजा प्रेम प्रताप सिंह के पुत्र अमर प्रताप सिंह थे जिनके दो बेटे चरत प्रताप सिंह और शरद प्रताप सिंह हुए ।

राजा महेन्द्र प्रताप ने एक तकनीकी कॉलेज प्रेम महाविद्यालय अपने महल वृन्दावन में 24 मई 1909 को स्थापित किया ।

देहरादून से निर्बल सेवक पेपर हिन्दी और उर्दू में प्रकाशित कराया तथा छह द्विमासिक समाचार पत्र- विश्व सेना, विश्व सहयोग, विश्व राज्य, विश्व परिवार, विश्व शांति, विश्व धर्म का प्रकाशन कराया ।

20 दिसम्बर 1914 को 28 वर्ष की उम्र में भारत छोड़ दिया । विश्व संघ के लिए राजा महेन्द्र प्रताप ने अपना नाम पीटर पीर प्रताप रखा था ।

विदेश – स्विट्ज़रलैंड, जिनेवा, बर्लिन, जर्मनी से विएना – बुडापेस्ट – बुल्गारिया और टर्की की राजधानी इस्ताम्बुल , काबुल अफगानिस्तान पहुँच गए , उन्होंने जर्मनी, स्विट्जरलैंड, इटली, तुर्की, अफगानिस्तान, रूस, अमेरिका, चीन और जापान जैसे कई राज्यों के प्रमुखों और प्रभावशाली लोगों के साथ बातचीत की।

28 वर्ष की उम्र में भारत की पहली निर्वासित सरकार का गठन अपने जन्मदिन पर 1 दिसम्बर 1915 को काबुल अफगानिस्तान में किया , जिसके स्वयं अध्यक्ष (राष्ट्रपति) बने और मौलाना बरकतउल्ला (भोपाल) को प्रधानमंत्री बनाया ।

महात्मा गांधी से पहले 1932 में राजा महेन्द्र प्रताप का नाम नोबेल पुरस्कार के लिए नामित किया गया था ।

ठीक 32 वर्ष बाद राजा भारत आए, 1946 में राजा मद्रास के समुद्र तट पर उतरे । वहां से वह घर नहीं गए , सीधे वर्धा पंहुचे गांधी जी से मिलने ।

भारत सरकार ने सन 1979 में एक भारतीय डाकटिकट राजा महेन्द्र प्रताप सिंह पर जारी किया ।

14 सितम्बर 2021 में उत्तर प्रदेश सरकार ने उनके नाम पर अलीगढ़ में एक विश्वविद्यालय राजा महेंद्र प्रताप सिंह विश्व विद्यालय अलीगढ़ स्थापित करने की आधार शिला रखी है ।

विभिन्न स्तरों से राजा महेन्द्र प्रताप को भारत रत्न देने की मांग और उनके जीवन चरित्र को शिक्षण संस्थाओं के पाठ्य क्रमों में शामिल करने की मांग समय-समय पर उठती रही है ।

उपरोक्त सभी विचारों से प्रेरित होकर एक सामान्य जानकारी – "एक व्यकित्व – राजा महेन्द्र प्रताप" नामक पुस्तक को प्रकाशित कराया जाए । उसी क्रम में विभिन्न स्रोतों से एकत्र जानकारी का संकलन कर इस पुस्तक की सामग्री तैयार की गयी है । , जिससे आमजन, विशेषकर वर्तमान पीढ़ी राजा महेन्द्र प्रताप के बारे में उनसे सम्बन्धित विषयों को जाने और विचार मंथन कर सकें । सामग्री विशेषत : जाटलैंड विकी , अन्य लेखों, पुस्तक विशेष के सन्दर्भों का ही संकलन है , अतः इन सब के प्रति भी आभार व्यक्त किया जाता है । एक बात यह भी अक्सर उठती हैं कि जब इस तरह की जानकारी आजकल के इंटरनेट मीडिया पर उपलब्ध है तो ऐसे प्रकाशन की क्या आवश्यकता ? इसके सम्बन्ध में यही कहना है कि इंटरनेट मीडिया के माध्यम से जब भी कोई जानकारी पढ़ी जाती है तो उस समय नेट का होना आवश्यक है, तथा पढ़ने वाले से नेट प्रयोग के चार्ज भी लगते हैं । जहाँ तक पुस्तक सम्बन्धित विषय यह है कि एक बार खरीदी गयी पुस्तक को कोई भी कभी भी बिना किसी अन्य खर्च के पढ़ सकता है, बशर्ते पुस्तक पढ़ने की रूचि हो । जिससे हम पढ़ कर अपने को कृतार्थ कर सकें और उन्हें श्रद्धांजलि अर्पित कर सकें, बस यही मनोविचार है ।

रनवीर सिंह

1

राजा महेन्द्र प्रताप जन्म व वंशावली

राजा महेन्द्र प्रताप जन्म व वंशावली

राजा महेंद्र प्रताप (1 दिसम्बर 1886 - 29 अप्रैल 1979) एक भारतीय स्वतंत्रता सेनानी , पत्रकार, लेखक, क्रांतिकारी,भारत की अनंतिम सरकार के अध्यक्ष थे, जिसने 1915 में काबुल से प्रथम विश्व युद्ध के दौरान निर्वासित भारतीय सरकार के रूप में कार्य किया और ब्रिटिश भारत के समाज सुधारक थे । उन्होने द्वितीय विश्व युद्ध के दौरान 1940 में जापान में भारत के कार्यकारी बोर्ड का भी गठन किया था । उन्होंने 1915 में काबुल में मूल भारतीय राष्ट्रीय सेना (आजाद हिंद फौज) का गठन किया, जिसे जापान सहित कई देशों का समर्थन प्राप्त था। उन्होंने मुहम्मद एंग्लो-ओरिएंटल कॉलेज के अपने साथी छात्रों के साथ वर्ष 1911 में बाल्कन युद्ध में भी भाग लिया था । वे लोकप्रिय रूप से "आर्यन पेशवा" के नाम से जाने जाते हैं।

उनका परिवार

उनका जन्म 1 दिसंबर 1886 को उत्तर प्रदेश के अलीगढ़ (तत्कालीन, वर्तमान हाथरस) जनपद के मुरसान राज्य के ठेनुआ जाट गोत्र के राजघराने में हुआ था। वे राजा घनश्याम सिंह के तीसरे पुत्र थे । हाथरस के राजा हरनारायण सिंह ने उन्हें पुत्र के रूप में गोद लिया था। कॉलेज में पढ़ाई के दौरान 1902 में उनकी शादी हरियाणा के जींद रियासत के सिख परिवार की बलबीर कौर से हुई थी । उनकी बेटी का जन्म 1909 में और बेटे प्रेम प्रताप का जन्म 1912 में हुआ । प्रेम प्रताप के नाम पर वृंदावन में प्रेम महाविद्यालय की स्थापना की गई। राजा प्रेम प्रताप सिंह पुत्र अमर प्रताप सिंह थे, जिनके दो बेटे चरत प्रताप सिंह और शरद प्रताप सिंह थे।

राजा महेंद्र प्रताप की वंशावली

मुरसान शासकोंकी वंशावली :

मक्खन सिंह → नंदराम (शासनकाल 1645 -1695) → जलकरन सिंह → खुशाल सिंह → पहुप सिंह → भगवंत सिंह → टीकाराम → कुंवर किसन प्रताप → घनश्याम सिंह

हाथरस शासकों की वंशावली :

मक्खन सिंह → नंदराम (शासनकाल 1645-1695) → जय सिंह → बदन सिंह → भूरे सिंह → राजा दया राम (1775-1841) → ठाकुर गोबिंद सिंह (1841-1861) → राजा हरनारायण सिंह (1861-1896) → **राजा महेन्द्र प्रताप सिंह (1886-1979)** → राजा प्रेम प्रताप सिंह (1913-1947) → राजा अमर प्रताप सिंह (जन्म 1940)

ठाकुर माखन सिंह ने खोंखर गौत्र की लड़की से शादी की थी । जिनसे नन्दराम हुए, जिन्होने 40 वर्ष तक राज किया । नंदराम के बारह/चौदह पुत्र थे, जिनमे जलकरन सिंह सबसे बढ़े थे । दूसरे जयसिंह, सातवे - भोज सिंह, आठवे चूरामन, नवे - जसवंत सिंह, दसवे - अधिकरण, ग्यारहवे - विजयसिंह थे । जसवंत सिंह बहराम गढ़ी के अधिपति बने । जलकरन सिंह अपने पिता के आगे ही स्वर्गवास हो चुके थे । उनके योग्य पुत्र खुशाल सिंह राज्य के मालिक हुए ।

ठाकुर खुशाल सिंह ने 1716 ईसवी में मुरसान किले की नीव रखी और किला बनवाया था । इनके पुत्र -पहुप सिंह ने सासनी किला बनवाया था । पहुप सिंह का देहांत 1789 में हुआ उनके बाद पुत्र भगवंत सिंह ने राज्य किया । भगवंत सिंह, जलकरन सिंह के प्रपौत्र थे, और सासनी और मुरसान के शासक रहे । जलकरण सिंह के भाई जयसिंह के प्रपौत्र दयाराम हाथरस के शासक रहे थे । दयाराम के बाद गोविंद सिंह गद्दी पर रहे, और टीकम सिंह पुत्र भगवंत सिंह मुरसान के शासक रहे । टीकम सिंह के बाद किशन सिंह के बाद घनश्याम सिंह आए । घनश्याम सिंह के दत्त प्रसाद सिंह मुरसान के, बलदेव सिंह बलदेवगढ़ तथा प्रताप सिंह को हाथरस रियासत के हरनारायन सिंह ने गोद लिया । हरनारायन सिंह भी जटोई के ठाकुर रूप सिंह जी के पुत्र थे और हाथरस के राजा थे । राजा महेंद्र प्रताप ने देश की आजादी के लिए देश - विदेश भ्रमण किया, शिक्षा क्षेत्र में पोलीटेक्निक, प्रेम महाविध्यालय मथुरा बनवाया तथा प्रेम धर्म के अनुयायी थे। प्रेम महाविद्यालय के अलावा जटवारी, मझोई, उझियानी, हुसेनी मथुरा जिले के गाव तथा बराला और धमेड़ा बुलंदशहर जिले के गाव में प्रेम प्रताप व प्रेम - पाठशालाए खुलवाई । राजा महेंद्र प्रताप सन 1957 में निर्दलीय प्रत्याशी के रूप में मथुरा (उ. प्र.)से स्वर्गीय अटल बिहारी वाजपेयी, भारतीय जनसंघ को हराकर लोकसभा सांसद बने थे । राजा महेंद्र प्रताप की शादी सन 1902 में 16 वर्ष की उम्र में जींद रियासत के महाराजा रणवीर सिंह की बहन राजकुमारी बलवीर कौर के साथ हुई थी । जिनसे संवत 1970 में एक पुत्र रत्न जिसका नाम प्रेम - प्रताप और बेटी भक्ति रखा, हुए थे । दत्त प्रसाद सिंह के पुत्र किशोरी रमन सिंह मुरसान के राजा हुए ।

राजा महेन्द्र प्रताप का जन्म 1 दिसम्बर 1886 को एक जाट परिवार में हुआ था जो मुरसान रियासत के शासक थे । यह रियासत वर्तमान उत्तर प्रदेश के वर्तमान हाथरस (पुराना अलीगढ़) जिले में थी । वे राजा घनश्याम सिंह के तृतीय पुत्र थे । जब वे 3 वर्ष के थे तब हाथरस के राजा हरनारायण सिंह ने उन्हें पुत्र के रूप में गोद ले लिया। 1902 में उनका विवाह बलवीर कौर से हुआ था जो जींद रियासत के सिद्धू जाट परिवार की थीं । विवाह के समय वे कॉलेज की शिक्षा ले रहे थे ।

28 वर्ष की उम्र में विदेश भ्रमण देश की आजादी के लिए गए और 32 वर्षों तक भ्रमण पर रहे । विदेश भ्रमण के समय अफगान के बादशाह से मुलाकात की और वहीं से 1 दिसम्बर 1915 में काबुल से भारत के लिए अस्थाई सरकार की घोषणा की जिसके राष्ट्रपति स्वयं तथा प्रधानमंत्री मौलाना बरकतुल्ला खां बने । उन्होंने भारत से बाहर देश की पहली निर्वासित सरकार का गठन किया, बाद में सुभाष चंद्र बोस ने 28 साल बाद उन्हीं की तरह आजाद हिंद सरकार का गठन सिंगापुर में किया था ।

26 अप्रैल 1979 में उनका देहान्त हो गया । भारत सरकार ने सन 1979 में एक भारतीय डाकटिकट राजा महेन्द्र प्रताप सिंह पर जारी किया ।

14 सितम्बर 2021 में उत्तर प्रदेश सरकार ने उनके नाम पर अलीगढ़ में एक विश्वविद्यालय स्थापित करने की आधार शिला रखी है ।

ठेनुआ- गौत्र की उत्पत्ति - यह गौत्र तंवर (तोमर)जाटों से ही उत्पन्न हुआ है । तोमर जाटों ने मुगल बादशाह से युद्ध कर - आने की ठानी थी । इसलिए इनको ठेनुआ कहते है । यह गौत्र तंवर (तोमर) से बना है । लेकिन आज यह गौत्र पूर्ण रूप से अलग है । इनकी शादी तोमर (तंवर)गौत्र से होती है ।

ठेनुआ खाप

ठेनुआ खाप - करीब 150 गांव की यह खाप मथुरा और अलीगढ़ दोनों जनपदों में फैली हुई है । इस खाप के राजा महेन्द्र प्रताप सिंह विश्व प्रसिद्ध व्यक्ति हुए हैं, जिन्होंने स्वतंत्र भारत की पहली निर्वाचित सरकार बनाई थी। जिस नंदराम जाट ने औरंगजेब को नाकों चने चबाये । वह भी इसी खाप का वीर सपूत हुआ है । मुरसान और हाथरस दो राजघराने भी इसी हाथ में पड़ते हैं ।

ठेनुआ गौत्र के 30 गढ़ी/ठिकाने थे – हरबाला की गढ़ी, केसर गढ़ी, बहराम गढ़ी, बेरम गढ़ी, गंगा गढ़ी, जावरा गढ़ी, गोरई गढ़ी, तोछीगढ़ गढ़ी, छोटुआ गढ़ी, बेसवां गढ़ी, करील गढ़ी, जटोई गढ़ी, कारस गढ़ी, पडिल गढ़ी, रहना गढ़ी, कजरौठगढ़ी, मऊ गढ़ी, टुक्सन गढ़ी, कचौरी गढ़ी, विजई गढ़ी, ब्योरईगढ़ी, ब्योहरा गढ़ी, मोरनी गढ़ी, नया गढ़ी, बिसौली गढ़ी, निहोरा गढ़ी, सहारा गढ़ी, जावल गढ़ी, पिल्ख्युनिया गढ़ी, ग्वालरा गढ़ी ।

जिनके मुख्य ठिकानेदार थे – बहराम गढ़ी के - ठाकुर जसवंत सिंह (नंदराम के पुत्र), तोछीगढ़ के ठाकुर चूड़ामणि (नंदराम पुत्र), शेर सिंह, ब्योहई के ठाकुर माधो सिंह, कारस के ठाकुर धीरी सिंह, रहना के जसवंत सिंह, कजरौठी के ठाकुर ध्यान सिंह, जटोई गढ़ी के

हरनारायण सिंह, बेसवां के ठाकुर भूरे सिंह आदि ।

जाखोदिया तंवर - जाखोदिया गौत्र नहीं होता है, इनका गौत्र तोमर (तंवर)है । तोमर जाट 1857 के आसपास जब दिल्ली के जाखोद गाव से आकर भरतपुर के छोकरवाड़ा गाव में बसे तो यहाँ के स्थाननीय निवासियों ने इनको इनके पैतृक गाव जाखोद के नाम पर जाखोदिया कहना शुरू कर दिया । पूरे भारत वर्ष में यह एक मात्र गाव है जाखोदिया तंवर जाटों का,और किस जगह पर यदि कोई जाखोदिया तोमर निवास करते है तो वे मूल रूप से छोंकरवाड़ा से गए हुए है । दिल्ली पर तोमर जाटों का राज्य रहा है । उनको ही तंवर बोला जाता है । दोनों एक ही गौत्र है । जाखोद गाव को महाराजा अनंगपाल तोमर के सात बेटों के द्वारा स्थापित किया गया था । दिल्ली में तोमर जाटों के बहुत से गाव थे जो दिल्ली से कुछ मुज्जफरनगर जिले के वलेड़ा, बहादरपुर, जैसे गावों में जा बसे । 1857 की क्रान्ति में जाटों ने अंग्रेजों का विरोध किया था । 1857 की क्रान्ति के असफल हो जाने के बाद अंग्रेजों ने दिल्ली के बहुत से जाटों के गावों को उजाड़ दिया उनमे से जाखोद भी एक था । जिला ग्वालियर के गांव रतवई में जखोदिया तोमर आज निवासरत हैं ।

मुरसान का ठेनुआ राजवंश

राम सरूप जून लिखते हैं कि... 87 गांवों के स्वामी चौधरी नंदराम चूड़ामन के अनुयायियों में से थे। औरंगजेब के समय में उन्हें पुलिस में उच्च पद दिया गया, वजीर सआदत खान ने भूपसिंह को राजा की उपाधि दी और उन्हें अपने राज्य में बहाल कर दिया। अंततः यह राज्य विभिन्न भागों में विभाजित हो गया।

इतिहास

16वीं शताब्दी के अंत में माखन सिंह के नेतृत्व में ठेनुआ राजस्थान से बृज आए । वे जावरा के पास बस गए और आस-पास के इलाकों पर कब्जा कर लिया। यह मुगल शासक जहाँगीर के शासनकाल के दौरान हुआ था । उनके राज्य को आधिकारिक तौर पर टप्पा जावरा के नाम से जाना जाता था ।

माखन सिंह - माखन सिंह ने खोखर गोत्र के जाटों की बेटी से विवाह किया , जो राया के आस-पास के इलाकों पर कब्ज़ा कर रहे थे । विवाह के बाद माखन सिंह ने उस क्षेत्र के जाटों को संगठित किया और शक्ति एकत्रित की । उन्होंने गौसना , सिंदूरा आदि में किले बनवाए, जिनका दौरा इतिहासकार ठाकुर देशराज ने किया था ।

शाहजहाँ के शासन के अंत के बाद , सादुल्ला खाँ ने जाटों की बढ़ती शक्ति को नियंत्रित करने के लिए सादाबाद नामक स्थान पर छावनी बनाई। 1652 ई. में सादुल्ला खाँ ने जाटों के (टप्पा) - जावरा, जलेसर का कुछ भाग, खंडोली के कुछ गाँव, महावन के 80 गाँवों पर कब्ज़ा करके उन्हें सादाबाद परगने में मिला लिया। इस तरह जाट मुगलों के अधीन हो गए

लेकिन उन्होंने कोई कर नहीं दिया।

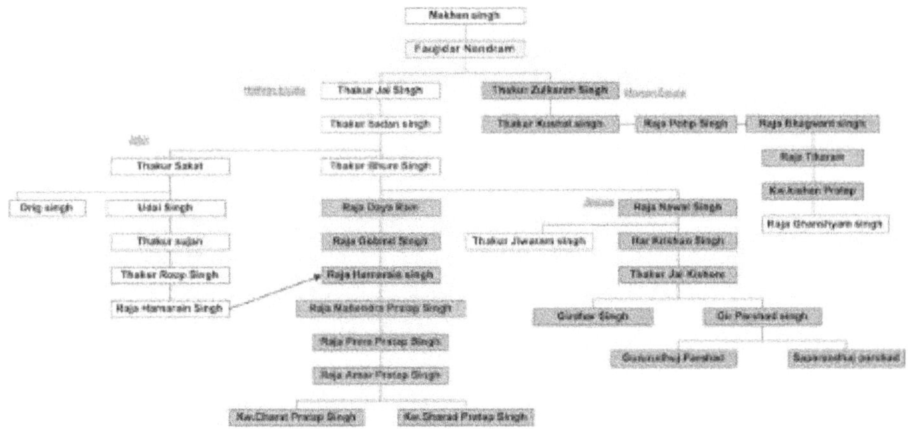

मुरसान (ठेनुआ) शासकों का वंश वृक्ष

मुरसान (ठेनुआ) शासकों का वंश वृक्ष

नंदराम (शासनकाल 1645 -1695) - शाहजहाँ के बाद माखन सिंह के पोतेनन्द राम ने जाट शक्ति को पुनः संगठित किया तथा दरियापुर के पोर्चा राजा को अपने साथ मिलाकर शक्तिशाली बन गया । जब औरंगजेब दिल्ली का शासक बना तोवह नन्द राम की उपेक्षा नहीं कर सका तथा उसे फौजदार की उपाधि प्रदान की तथा तोछीगढ़ तहसील उसे सौंप दी। नन्द राम ने 40 वर्षों तक चतुराई तथा वीरतापूर्वक शासन किया तथा 1695 में उसकी मृत्यु हो गई ।

नंदराम के 14 पुत्र थे, जिनमें जलकरन सबसे बड़ा था। दूसरे पुत्र जय सिंह, सातवें पुत्र भोज सिंह, आठवें पुत्र चूड़ामन, नौवें पुत्र जसवंत सिंह, दसवें अधिकरण, ग्यारहवें विजय सिंह थे। चूड़ामन ने तोछीगढ़ पर शासन किया । जसवंत सिंह ने बहरामगढ़ी पर शासन किया । जलकरन की मृत्यु नंदराम से पहले हुई थी। उनके योग्य पुत्र खुशाल सिंह उनके उत्तराधिकारी बने।

खुशाल सिंह - खुशाल सिंह कोअपने चाचा भोज सिंह से राहतपुर और मकरोल गाँव मिले थे । खुशाल सिंह ने दयालपुर, मुरसान,गोपी, पुटैनी, अहरी और बारामई क्षेत्र सआदत उल्ला खां से जीते थे । मुरसान का प्रसिद्ध किला खुशाल सिंह ने बनवाया था उसने मथुरा , हाथरस, और अलीगढ़ जैसे बड़े क्षेत्रों पर अपनी शक्ति बढ़ा ली थी।

पुहप सिंह - खुशाल सिंह के बाद उनके पुत्रपुहप सिंह शासक बने। पुहप सिंह भरतपुर से युद्ध हार गए । उन्हें मुरसान छोड़ना पड़ा और सासनी जाकर उस पर कब्ज़ा कर लिया। उन्होंने यहाँ एक मजबूत किला बनवाया। सासनी को जाटों के गौरव का किला कहा जाता

है। 1761 में उन्होंने भरतपुर के महाराजा जवाहर सिंह का शासन स्वीकार कर लियाऔर मित्रता में मुरसान वापस दे दिया। पुहप सिंह ने दिल्ली युद्ध में जवाहर सिंह की बहुत मदद की।परिणामस्वरूप इसने दिल्ली के शासकों को नाराज़ कर दिया। दिल्ली के शासक नजीब खान ने मुरसान पर हमला करने के लिए अपनी सेना भेजी । जाटों ने बहादुरी से लड़ाई लड़ी लेकिन उन्हें मुरसान छोड़ना पड़ा। पुहप सिंह ने मुरसान को वापस पाने के लिए 10 साल तक संघर्ष किया। वह 1785 में मुरसान को वापस पाने में सफल रहे। उन्होंने 1798 में अपनी मृत्यु तक विस्तार जारी रखा।

जैसा कि पहले बताया जा चुका है कि नंदराम के 14 बेटों में से दो ज़्यादा मशहूर थे: जलकरन सिंह और जय सिंह । जलकरन के पोते भगवंत सिंह थे, जो सासनी और मुरसान के शासक थे । जय सिंह के पोते दया राम थे, जो हाथरस के शासक बने । भगवंत सिंह ने बाद में लॉर्ड लेक की मदद की और सौंख और मदन को जागीर में दिलवाया । मथुरा संस्मरण के अनुसार मुरसान और हाथरस के शासकों ने खुद को स्वतंत्र माना। 1817 में जनरल मार्शल के नेतृत्व में मुरसान और हाथरस के किले अंग्रेजों के हाथों में चले गए। राजा दया राम ने ब्रिटिश शासन के साथ संधि करना उचित समझा।

राजा दयाराम (1775-1841) - 1775 में ठाकुर भूरी सिंह की मृत्यु के बाद उनके पुत्र दया राम हाथरस की गद्दी पर बैठे । वे एक चतुर शासक थे और साहित्यिक हलकों में उनकी अच्छी पकड़ थी। वेहाथरस के राजा की उपाधि धारण करने वाले पहले व्यक्ति थे। इतिहासकार उन्हें हाथरस राज्य की सर्वांगीण प्रगति और समृद्धि लाने का श्रेय देते हैं। उन्होंने हाथरस के क्षेत्रों का विस्तार किया जिसमें उनके समय में सिमरधारी, तोछीगढ़, गुबरारी, बरहद, करास, करील, मांट, महावन, हसनगढ़, सहपऊ और खंडोली शामिल थे। उन्हें मुरसान के राजा राजा भगवंत सिंह के साथ अंग्रेजों द्वारा देश के इस हिस्से में सबसे शक्तिशाली सरदार माना जाता था। हाथरस को देश का सबसे मजबूत किला कहा जाता था।

ठाकुर गोबिन्द सिंह (1841-1861) - अपने पिता की मृत्यु के बाद, उनके पास शाहगढ़ नामक एक गांव का केवल एक हिस्सा था और वे केवल एक मोतगेज थे, तथा राजा दयाराम के उत्तराधिकारी बने। राजा दयाराम के शासनकाल के दौरान अंग्रेजों ने हाथरस की जागीर को न्यूनतम सीमा तक कम कर दिया था। ठाकुर गोबिंद सिंह ने अपने निर्भीक विचारों और 1857 के विद्रोह के दौरान अंग्रेजों के प्रति अपनी निष्ठावान सेवाओं के साथ, हाथरस की जागीर का अधिकांश हिस्सा वापस पाने में सफल रहे, जिसमें मथुरा के गांव और अलीगढ़ की कोइल जागीर भी शामिल थी।

राजा हरनारायण सिंह (1861-1896) - 1857 की क्रांति समाप्त होने पर 1861 में राजा गोविंद सिंह की मृत्यु हो गई। उनकी पत्नी रानी साहिब कुंवर भरतपुर और एक शिशु पुत्र थे, लेकिन पिता के मरने के कुछ महीने बाद ही बीमारी के कारण पुत्र की मृत्यु हो गई। राजा ने एक पुत्र को गोद लेने की अनुमति दी थी। उन्होंने जटोई के ठाकुर रूप सिंह के पुत्रहर नारायण

सिंह को वंशज चुना। वे वृन्दावन में केशीघाट वर्तमान पीएमवी में रानी साहिब के साथ रहते थे। उन्होंने भरतपुर की रानी स्वरूप कौर से विवाह किया और दूसरी शादी धौलपुर की रानी हनुमंत कौर से हुई । वे अपनी दो रानियों से कोई उत्तराधिकारी नहीं बना सकते थे, इसलिए उन्होंने मुरसान से कुंवर खड़ग सिंह को गोद लिया, जो बाद में राजा महेन्द्र प्रताप सिंह के नाम से जाने गए।

राजा महेन्द्र प्रताप सिंह (1886-1979) -

राजा प्रेम प्रताप सिंह (1913-1947): जब उनके पिता भारत की स्वतंत्रता की खोज में परिवार छोड़कर चले गए, तब वे मात्र एक वर्ष के थे। अधिनियम के अनुसार, 1924 में वे मात्र 11 वर्ष की आयु में संपत्ति के मालिक बन गए। 1925 में जब वे मात्र 12 वर्ष के थे, तब उनकी माँ का निधन हो गया। इसलिए उनके पास केवल उनकी बड़ी बहन भक्ति देवी ही बचीं, जिनसे वे बहुत प्यार करते थे। 1931 में जब वे 18 वर्ष के हुए, तो वे संपत्ति के कानूनी मालिक बन गए। यही वह समय था, जब उन्होंने संपत्ति का अधिकांश हिस्सा पट्टे पर दे दिया था। संपत्ति ने उनके अधीन कुछ महत्वपूर्ण मुकदमे भी जीते। उन्होंनेजॉर्जियाना नामक एक अंग्रेज महिला से विवाह किया , जो दुर्भाग्यवश 1946 में वापस इंग्लैंड चली गईं। उसके वापस जाने का औचित्य था। उनके दो बच्चे अमर प्रताप और सरला देवी थे। अपनी पत्नी के चले जाने के बाद प्रेम प्रताप सिंह एकाकी व्यक्ति बन गए। 13 जून 1947 को वृंदावन में रहस्यमय तरीके से उनका निधन हो गया। वे मात्र 34 वर्ष के थे।

राजा अमर प्रताप सिंह - 4 जनवरी 1940 को देहरादून में जन्मे। - वे मात्र 6 वर्ष के थे जब उनकी मां उन्हें छोड़कर इंग्लैंड वापस चली गईं। 1947 में उनके पिता का निधन हो गया जब वे मात्र 7 वर्ष के थे। उनकी स्थिति भी उनके पिता जैसी ही थी। 1947 के बाद अधिनियम के अनुसार वे जायदाद के मालिक बन गए। उन्हें कई पार्टियों ने राजनीति में शामिल होने का प्रस्ताव दिया, स्वर्गीय इंदिरा गांधीजी ने व्यक्तिगत रूप से उन्हें पार्टी में शामिल होने के लिए लिखा लेकिन वे राजनीति से दूर रहे। उन्होंने 1968 में देहरादून में बलबीर कौर से विवाह किया और अब उनके तीन बच्चे मीता, चरत और शरद हैं। वे परिवार के महत्व को जानते थे, इसलिए उन्होंने अपना पूरा ध्यान उन पर लगाया और यथासंभव जायदाद के मामलों से दूर रहे। उन्हें अपने दादा से गुण विरासत में मिले थे क्योंकि उनमें भी कभी कोई स्वार्थ और सत्ता की भूख नहीं रही। वे अब अपने परिवार के साथ देहरादून विला में आराम से रहते हैं।

इस राज्य के सबसे प्रसिद्ध शासक राजा महेन्द्र प्रताप (1886-1979) थे। वे आर्यन पेशवा के नाम से लोकप्रिय थे। वे मुरसान के राजा घनश्याम सिंह के तीसरे पुत्र थे और उन्हें हाथरस के राजा हरनारायण सिंह ने गोद लिया था ।

महेन्द्र प्रताप ने हरियाणा के जींद राज्य के जाट सिख शासक की बेटी से विवाह किया था ।

2

आधुनिक इतिहास

आधुनिक इतिहास

मुरसान वर्तमान उत्तर प्रदेश के अलीगढ़ क्षेत्र में स्थित ठेनुआ जाटों का एक राज्य था। 16वीं शताब्दी के अंत में ठेनुआमाखन सिंह के नेतृत्व में राजस्थान से बृज में। वे जावरा के पास बस गए और आस-पास के इलाकों पर कब्ज़ा कर लिया। यह बादशाह जहाँगीर के शासन के दौरान की बात है। उनके राज्य को टप्पा जावरा कहा जाता था। माखन सिंह ने खोखर गोत्र के जाटों की बेटी से शादी की, जो राया मथुरा के आसपास के इलाकों पर कब्ज़ा कर रहे थे। शादी के बाद माखन सिंह ने उस क्षेत्र के जाटों को संगठित किया और शक्ति एकत्र की। उन्होंने कई किले बनवाए। कुछ किले जो अभी भी देखे जा सकते हैं वे गौसना, सिंदूरा आदि में हैं।

शाहजहाँ के शासनकाल के अंत में, सादुल्लाखान ने जाटों की गतिविधियों को नियंत्रित करने के लिए सादाबाद में एक छावनी स्थापित की। 1652 में सादुल्लाखान ने जाटों के कुछ इलाकों जैसे टप्पा, जावरा, जलेसर, और खंडोली का कुछ हिस्सा, महावन के 80 गाँवों पर कब्ज़ा कर लिया। क्षेत्र के जाट मुगल शासन के अधीन आ गए लेकिन वस्तुतः वे स्वतंत्र थे क्योंकि वे कोई कर नहीं दे रहे थे।

बाद में माखन सिंह के पोते नन्दराम ने इस क्षेत्र के जाटों को संगठित किया और अपने राज्य का क्षेत्रफल बढ़ाया। नन्दराम बहुत बहादुर, बुद्धिमान और चतुर शासक था। सन् 1702 में भज्जा सिंह की मृत्यु के बाद चूड़ामन मोर्चे पर आया। कुछ ही समय में चूड़ामन ने 500 घुड़सवार और हज़ारों सैनिक इकट्ठा कर लिए। हाथरस के ज़मींदार नन्द राम भी 100 घुड़सवारों के साथ चूड़ामनसे मिल गए। औरंगजेब को जाटों की ताकत का एहसास हुआ और उसने नन्दराम को फौजदार की उपाधि दी। उसे औरंगज़ेब ने तोछीगढ़ तहसील भी दी। नन्दराम ने 40 साल तक शासन किया। सन् 1695 में उसकी मृत्यु हो गई।

सन् 1716 ई. में जाट शासक राजा नन्दराम के पुत्र भोज सिंह ने हाथरस का शासन संभाला था। सन् 1719 ई. में जब निकोसियार और शमशेरखां के बीच युद्ध हुआ तो

सिनसिनी के चूड़ामन हाथरस के नन्दराम के पुत्र गोविंद सिंह के नेतृत्व में शमशेरखां की सहायता की थी। भोज सिंह के बाद उनके पुत्र **सदन सिंह** हाथरस के शासक बने। सदन सिंह के बाद उनके पुत्र **भूरि सिंह** हाथरस के शासक बने। सम्भवतः **भूरि सिंह** ने ही हाथरस के किले में **भगवान बलराम** जी का मंदिर स्थापित कराया था । यह मंदिर आज भी विद्यमान है और उनकी महान गाथा कहता है। इस मंदिर पर प्रतिवर्ष देव छठ पर लक्खी मेला लगता है। हाथरस का वास्तविक महान इतिहास श्री भूरि सिंह के बाद शुरू होता है जब सन् 1775 ई . में उनके पुत्र **राजा दयाराम** ने ताज पहना 1794 में उत्तर भारत में अंग्रेजों का उत्पात तेज हो गया। उन्होंने अपने मार्ग में आने वाली सभी रियासतों को अपने में मिलाने की कोशिश की। फिर भी हाथरस स्वतंत्र रहा। राजा दयाराम ने अंग्रेजों के गुलाम बनने के प्रस्ताव को अस्वीकार कर दिया। अंततः 1817 में युद्ध शुरू हुआ । अंग्रेजों ने राजा दयाराम को किला छोड़कर आत्मसमर्पण करने की चेतावनी दी। लेकिन वीर राजा **दयाराम** ने मेजर जनरल मार्शल की चेतावनी पर **कोई ध्यान नहीं दिया।**1817 ई . के फरवरी-मार्च में भयानक युद्ध हुआ। अंततः संसाधनों के अभाव और आसपास की रियासतों के आत्मसमर्पण के कारण राजा दयाराम ने 2 मार्च 1817 को गुप्त मार्ग से किला छोड़ दिया। हाथरस ब्रिटिश शासन का अंग बन गया।राजा दयाराम के पुत्र गोविंद सिंह ने अंग्रेजों से हाथ मिला लिया और कुछ गांवों की जमींदारी ले ली और वृन्दावन (आज मथुरा का एक भाग) में रहने लगे। श्री गोविंद सिंह के दतक पुत्र श्री हरनारायण सिंह भी वृंदावन में अंग्रेजों के भक्त रहे। श्री हरनारायण सिंह का कोई वंशज नहीं था, इसलिए उन्होंने मुरसान रियासत के राजा घनश्याम सिंह के तीसरे पुत्र को गोद लिया, जिनका नाम बाद में राजा महेन्द्र प्रताप था, जन्होने खुद को एक संघर्ष शील स्वतंत्रता सेनानी के रूप में साबित किया ।

इस राज्य के सबसे प्रसिद्ध शासक जाट सरदार राजा महेन्द्र प्रताप (1886-1979) थे, जिन्हें आर्यन पेशवा के नाम से जाना जाता था। राजा महेंद्र प्रताप सिंह विदेश में रहते हुए 32 वर्षों तक स्वतंत्रता संग्राम की मशाल जलाते रहे। उन्हें काबुल के "बाघ-ए-बाबर" में स्वतंत्र भारत की अस्थायी स्वतंत्र सरकार का अध्यक्ष नियुक्त किया गया। राजा महेंद्र प्रताप स्वदेश लौट आए। ठाकुर मलखान सिंह और मुंशी गजाधर सिंह मुख्य स्वतंत्रता सेनानी थे।

3

प्रारंभिक जीवन और शिक्षा

प्रारंभिक जीवन

प्रताप का जन्म 1 दिसंबर 1886 को उत्तर प्रदेश के हाथरस (वर्तमान , तत्कालीन अलीगढ़) जिला के मुरसान राज्य के शासक जाट परिवार में हुआ था। वे राजा घनश्याम सिंह के तीसरे पुत्र थे। तीन साल की उम्र में हाथरस के राजा हरनारायण सिंह ने उन्हें अपने बेटे के रूप में गोद ले लिया था। उनका विवाह कॉलेज में पढ़ाई के दौरान 1902 में हरियाणा (तब पंजाब में) की एक रियासत जींद के शासक सिद्धू जाट परिवार की बलवीर कौर से हुआ था।

शिक्षा

1895 में प्रताप को अलीगढ़ के सरकारी हाई स्कूल में भर्ती कराया गया था, लेकिन जल्द ही उन्होंने मुहम्मदन एंग्लो-ओरिएंटल कॉलेजिएट स्कूल में दाखिला ले लिया, जो बाद में अलीगढ़ मुस्लिम विश्वविद्यालय बन गया । यहाँ उन्होंने सर सैय्यद अहमद खान द्वारा स्थापित मुहम्मदन एंग्लो-ओरिएंटल कॉलेज अलीगढ़ से ब्रिटिश हेडमास्टरों और मुस्लिम शिक्षकों के अधीन अपनी शिक्षा प्राप्त की ।

शिक्षा और कैरियर

राजा महेंद्र प्रताप ने अपनी शिक्षा ब्रिटिश हेडमास्टरों और मुस्लिम शिक्षकों के अधीन मोहम्मडन एंग्लो ओरिएंटल कॉलेज अलीगढ़ से प्राप्त की, जिसकी स्थापना सर सैय्यद अहमद खान ने की थी। इस पृष्ठभूमि के साथ वे धर्मनिरपेक्ष समाज के सच्चे प्रतिनिधि बन गए। उन्होंने अलीगढ़ मुस्लिम विश्वविद्यालय को भूमि दान की। अलीगढ़ शहर में वर्तमान में तस्वीर महल चौराहे पर राजा महेन्द्र प्रताप जी की मूर्ति स्थापित है जो अलीगढ़ मुस्लिम

विश्वविद्यालय के मुख्य गेट के पास ही है ।

वे एक शिक्षाविद् थे जो युवाओं के लिए व्यावसायिक प्रशिक्षण में विश्वास करते थे। 1909 में, उन्होंने उत्तर प्रदेश के वृन्दावन में एक तकनीकी कॉलेज शुरू किया। भारत को यूरोपीय देशों के बराबर लाने के लिए, राजा महेंद्र प्रताप ने 24 मई, 1909 को वृन्दावन में अपने महल में एक स्वतंत्र स्वदेशी तकनीकी संस्थान, प्रेम महाविद्यालय की स्थापना की।

1907 में महेंद्र प्रताप को अपनी संपत्ति का नियंत्रण प्राप्त हुआ और उन्होंने स्नातक की पढ़ाई किए बिना ही कॉलेज छोड़ दिया, उन्हें जीवन भर एमएओ कॉलेज से विशेष लगाव रहा।

बाद में 1911 में अलीगढ़ के एमएओ कॉलेज के कुछ छात्र डॉ. अंसारी के नेतृत्व में बाल्कन युद्ध के दौरान तुर्की में अपनी सेवाएं देने गए। महेंद्र प्रताप भी उनके साथ वहां गए।

1912 में राजा महेंद्र प्रताप ने श्री गोखले को दक्षिण अफ्रीका जाकर महात्मा गांधी के अभियान में स्वयं को गिरफ्तार करके उनकी सहायता करने की पेशकश की। गोखले ने उन्हें वहां न जाने की सलाह दी, लेकिन इस उद्देश्य के लिए एक हजार रुपये का दान स्वीकार कर लिया।

राजा महेंद्र प्रताप ने 1906 और 1910 में इलाहाबाद में आयोजित भारतीय राष्ट्रीय कांग्रेस के अधिवेशनों में भाग लिया। इलाहाबाद के ग्रीष्मकालीन अधिवेशन में ते स्वागत समिति में थे। लेकिन उन्होंने कांग्रेस के पंडाल को कुछ घंटों के लिए देने का प्रस्ताव रखा ताकि बाद में इलाहाबाद में कांग्रेस के शीतकालीन अधिवेशन के समय अखिल भारतीय शैक्षिक सम्मेलन को अपने बड़े तंबू में दो दिनों तक आयोजित किया जा सके। हालाँकि कांग्रेस की प्रदर्शनी में प्रेम महाविद्यालय के छात्रों द्वारा बनाए गए लेखों की बहुत सराहना हुई और छात्रों को पुरस्कार भी मिले।

1914 में उन्होंने अखिल भारतीय राष्ट्रीय कांग्रेस के अध्यक्षीय भाषणों का हिंदी अनुवाद भी प्रकाशित किया। राजा महेंद्र प्रताप न केवल एक राष्ट्रवादी थे, बल्कि प्रथम श्रेणी के अंतरराष्ट्रीय राष्ट्रवादी भी थे। 1929 में उन्होंने मास्को में एक पुस्तक के रूप में विश्व महासंघ की अवधारणा के बारे में लिखना शुरू किया। उन्होंने शांति और विश्व एकता के अपने कार्यों के संबंध में अपने विचारों और समाचारों को प्रचार देने के लिए सितंबर, 1929 में जर्मनी के बर्लिन से विश्व महासंघ का अपना पहला मासिक निकाला। उनका दृढ़ मत था कि वर्तमान वैज्ञानिक प्रगति के युग में पूरे विश्व के लिए एक संघीय सरकार न केवल शाश्वत शांति के लिए बल्कि पूरे विश्व की आर्थिक समृद्धि के लिए भी आवश्यक हो गई है। वे प्रथम विश्व युद्ध की समाप्ति के बाद 1919 में गठित राष्ट्र संघ में महाशक्तियों के एकाधिकार के लिए दिए गए प्रावधानों के आलोचक थे। वे कुछ राष्ट्रों की श्रेष्ठता और अंतर्राष्ट्रीय व्यवस्था पर उनके वर्चस्व के भी खिलाफ थे। वे सभी जातियों और राज्यों की समानता के आधार पर विश्व संघ की स्थापना के पक्षधर थे। उनके विचारों को 1949 में संयुक्त राष्ट्र के चार्टर में स्थान मिला। लेकिन संयुक्त राष्ट्र के संस्थापकों ने सुरक्षा परिषद में स्थायी सदस्यता और

वीटो शक्ति का प्रावधान करके फिर से अपना एकाधिकार और प्रभुत्व बनाए रखा।

इस कार्यकारी बोर्ड ने आगे चलकर भारतीय राष्ट्रीय सेना (INA) का रूप ले लिया। जब 8 दिसंबर 1941 को जापान दूसरे विश्व युद्ध में शामिल हुआ, तो प्रधानमंत्री जनरल तोजो ने राजा महेंद्र प्रताप को ब्रिटिश भारत पर हमला करने के लिए जापानी सेना के साथ जाने के लिए कहा। राजा महेंद्र प्रताप जानते थे कि जापानियों ने मांचू कूओ को पूरी तरह से स्वतंत्र करने का अपना वादा नहीं निभाया है। उन्होंने मांचू कूओ से अपनी सेना वापस नहीं बुलाई थी। इसलिए, वह ब्रिटिश साम्राज्यवाद की तर्ज पर व्यवहार में आने वाली उनकी योजनाओं से सहमत नहीं थे। वह हमेशा अपने सिद्धांतों पर अड़े रहे। एक बार उन्होंने कहा: मुझे खुशी है कि मैं अपने सिद्धांतों पर कायम रहा। यह सच है, हर तरफ से सहयोग मांगो। हालांकि, मैं अपनी शर्तों पर जोर देता हूं। ऐसे व्यक्ति के लिए जापानी सेना के हुक्म का पालन करना संभव नहीं था।

राजा महेंद्र प्रताप सामाजिक बुराइयों खासकर छुआछूत के सख्त खिलाफ थे। इस बुराई को खत्म करने के लिए उन्होंने 1911 में अल्मोड़ा के एक तमाता परिवार और 1912 में आगरा के मेहतर परिवार के साथ भोजन किया। वे दादा भाई नौरोजी, बाल गंगाधर तिलक, महाराजा वरोदा और विपिन चंद्र पाल के भाषणों से प्रभावित थे। इन महान नेताओं के भाषणों ने उन्हें एक देशभक्त बना दिया और वे स्वदेशी बन गए। उन्होंने अपने राज्य में विदेशी कपड़ों को जलाने का आंदोलन शुरू किया।

4

स्वतंत्रता आन्दोलन

स्वतंत्रता आन्दोलन

वह एक ऐसे विरल राजकुमार थे जिन्होंने अपनी मातृभूमि की स्वतंत्रता की खोज में स्वेच्छा से एक घुमक्कड़ तीर्थयात्री का मार्ग चुना। इस विश्वास से प्रेरित होकर कि क्रांतिकारी संघर्ष के बिना स्वतंत्रता संभव नहीं थी और देश के भीतर से क्रांतिकारी संघर्ष संभव नहीं था, उन्होंने 1914 में भारत छोड़ दिया। उन्होंने अपनी मातृभूमि को ब्रिटिश राज से आज़ाद कराने के लिए ईमानदारी से प्रयास किया। 20 दिसंबर 1914 को, 28 वर्ष की आयु में, राजा महेंद्र प्रताप बाहरी समर्थन के साथ भारत को ब्रिटिश औपनिवेशिक शासन के चंगुल से आज़ाद कराने के लिए यूरोपीय देशों के लिए भारत से चले गए।

अगले तीन दशकों तक उन्होंने विश्व समुदाय की चेतना को जगाने के लिए अथक प्रयास किया ताकि भारत को विदेशी दासता से मुक्त कराया जा सके। 1915 में, जर्मनी और तुर्की के रास्ते वे अफगानिस्तान पहुंचे। उस वर्ष काबुल में उन्होंने अन्य भारतीय क्रांतिकारियों के साथ मिलकर स्वतंत्र भारत की अनंतिम सरकार की स्थापना की। वे राष्ट्रपति थे और मौलाना बरकतुल्लाह प्रधानमंत्री थे। 1 दिसंबर 1915 को अपने 28वें जन्मदिन पर उन्होंने प्रथम विश्व युद्ध के दौरान अफगानिस्तान के काबुल में भारत की पहली अनंतिम सरकार की स्थापना की। ब्रिटिश विरोधी ताकतों ने उनके आंदोलन का समर्थन किया। उनके क्रांतिकारी विचारों के कारण उनके लेनिन के साथ अच्छे संबंध थे। लेनिन ने रूस की मुक्ति के अवसर पर राजा महेंद्र प्रताप को आमंत्रित किया और उनका स्वागत किया। हालाँकि, यह एक निराशा से भरा प्रयास था और इसका जीवनकाल छोटा था। वे भारत में विदेशी शासन के लिए एक बड़ा खतरा बन गए थे। भारत की ब्रिटिश सरकार ने उनके सिर पर इनाम घोषित किया, उनकी पूरी संपत्ति जब्त कर ली और उन्हें भगोड़ा घोषित कर दिया।

संयुक्त राज्य अमेरिका में रहते हुए, उन्होंने हिंदुस्तान ग़दर पार्टी के साथ मिलकर काम किया। उन्हें तिब्बत में अंगरेजों के खिलाफ़ विद्रोह का आयोजन करने के लिए उनके दूत के रूप में भेजा गया था। अमेरिका से लेकर यूरोप और रूस से लेकर चीन और जापान तक तीन

दशकों और तीन महाद्वीपों में फैली अपनी व्यापक यात्राओं में, भारत के स्वतंत्रता संग्राम में विदेशी मदद की तलाश में उन्हें निराशा ही हाथ लगी। नतीजतन, उन्होंने अपनी ऊर्जा को सभी धर्मों की आवश्यक एकता और सभी जातियों की समानता में अपने विश्वास के आधार पर एक विश्व महासंघ की स्थापना में लगा दिया। अपने बाद के जीवन में, वे महात्मा गांधी के प्रभाव में आए और अहिंसा के गांधीवादी दर्शन को स्वीकार कर लिया। विभिन्न भारतीय समाचार पत्रों में लगातार योगदान देने वाले, उन्होंने 1929 में एक मासिक पत्रिका, 'वर्ल्ड फेडरेशन' की स्थापना की ।

वे 1925 में जापान गए। उन्होंने 1929 में "विश्व महासंघ मासिक पत्रिका" प्रकाशित की। राजा महेंद्र प्रताप ने भारत को स्वतंत्र कराने के लिए विश्व युद्ध की स्थितियों का भरपूर उपयोग करने की कोशिश की। द्वितीय विश्व युद्ध के दौरान वे जापान के टोक्यो में रहे और "विश्व महासंघ केंद्र" से भारत को ब्रिटिश शासन से मुक्त कराने के लिए अपना आंदोलन जारी रखा। उन्होंने द्वितीय विश्व युद्ध के दौरान 1940 में जापान में भारत के कार्यकारी बोर्ड का गठन किया। आखिरकार ब्रिटिश सरकार को राजा महेंद्र प्रताप के सामने झुकना पड़ा और उन्हें सम्मान के साथ टोक्यो से भारत आने की अनुमति दी गई।

अपने ससुर की आपत्तियों के बावजूद, प्रताप 1906 में कांग्रेस अधिवेशन में भाग लेने के लिए कोलकाता गए और स्वदेशी आंदोलन में शामिल कई नेताओं से मिले , तथा स्वदेशी वस्तुओं और स्थानीय कारीगरों के साथ छोटे उद्योगों को बढ़ावा देने का निर्णय लिया।

जनवरी 1915 में, स्विट्जरलैंड में उनकी मौजूदगी के बारे में जानने पर, नवगठित बर्लिन समिति (ड़ोयचे वेरेन डेर फ्रेन्डे इंडियन) के चट्टो उर्फ़ वीरेन्द्रनाथ चट्टोपाध्याय ने जर्मन विदेश मंत्रालय के वॉन ज़िमरमैन से अनुरोध किया कि वे प्रताप को बर्लिन आमंत्रित करें। चट्टो ने पहले ही पारसी क्रांतिकारी दादा चंदाजी केरहस्प के नेतृत्व में अफगानिस्तान में पहला मिशन भेजा था।

श्यामजी कृष्णवर्मा और लाला हरदयाल से चट्टो की गतिविधियों के बारे में जानकारी मिलने पर , प्रताप ने कैसर विल्हेम द्वितीय से व्यक्तिगत रूप से मिलने पर जोर दिया; चट्टो ने कैसर की उनसे मिलने की उत्सुकता के बारे में प्रताप को बताने के लिए जिनेवा की ओर दौड़ लगाई, और वे दोनों एक साथ बर्लिन चले गए। हरदयाल भी उनके पीछे चले गए। प्रताप को आर्डर ऑफ द रेड ईगल से अलंकृत करके , कैसर ने फुलकियन राज्यों (जींद, पटियाला और नाभा) की रणनीतिक स्थिति के बारे में अपनी जागरूकता दिखाई, अगर भारत पर अफगान सीमा के माध्यम से आक्रमण किया गया।

प्रताप की इच्छा के अनुसार, उन्हें सेना की नीतियों और कार्यप्रणाली का प्रत्यक्ष ज्ञान प्राप्त करने के लिए पोलिश सीमा के पास एक सैन्य शिविर में ले जाया गया। 10 अप्रैल 1915 को जर्मन राजनयिक वर्नर ओटो वान हेन्टिग , मौलवी बरकुल्लाह और कुछ अन्य सदस्यों के साथ, कैसर से उचित प्रमाण-पत्र लेकर प्रताप बर्लिन से चले गए।

वियना में प्रतिनिधिमंडल ने मिस्र के खेडिव से मुलाक़ात की, जिन्होंने प्रताप के साथ बातचीत के दौरान ब्रिटिश साम्राज्य के अंत को देखने की इच्छा व्यक्त की। अपने रास्ते में, तुर्की में वे सुल्तान के दामाद और रक्षा मंत्री एनवर पाशा से मिले , जिन्होंने उनका मार्गदर्शन करने के लिए एक विश्वसनीय सैन्य अधिकारी को नियुक्त किया। इस्फ़हान में 2000 सैनिकों की एक टुकड़ी के साथ रौफ बे ने उनका स्वागत किया । वे 2 अक्टूबर को काबुल पहुँचे और हबीबुल्लाह ने उनका स्वागत किया , और कई चर्चाएँ कीं।

भारत की अनंतिम सरकार

मुख्य लेख: भारत की अनंतिम सरकार

महेंद्र प्रताप (बीच में), भारत की अनंतिम सरकार के अध्यक्ष, 1915 में काबुल में जर्मन और तुर्की प्रतिनिधियों के साथ मिशन का नेतृत्व करते हुए। उनके दाईं ओर वर्नर ओटो वोन हेन्टिंग बैठे हैं ।

काबुल में राजा महेंद्र प्रताप

5

नोबेल पुरस्कार नामांकन

नोबेल पुरस्कार नामांकन

उन्हें 1932 में नोबेल शान्ति पुरस्कार के लिए नामांकित किया गया था उनके नामांकन कर्ता एन ए निल्सन ने उनके बारे में कहा था -

शांति नोबेल पुरस्कार के लिए नामांकन करते समय, एक संक्षिप्त जीवनी में नामांकनकर्ता ने सिंह की स्थिति इस प्रकार दी: सिंह "विश्व महासंघ के संपादक और अफगानिस्तान के एक अनौपचारिक दूत हैं। नामांकनकर्ता ने एक संक्षिप्त जीवनी के साथ-साथ अंतरराष्ट्रीय राजनीतिक गतिविधियों का भी वर्णन किया है। विशेष रूप से इंडो-तुर्को-जर्मन मिशन में उनकी भूमिका पर प्रकाश डाला गया है। उदाहरण के लिए, जर्मनी के कैसर विल्हेम और तुर्की के सुल्तान मोहम्मद रिशाद ने उन्हें अफगान राजा के लिए पत्र दिए। वे 2 अक्टूबर, 1915 को काबुल पहुंचे। 1 दिसंबर, 1915 को भारत के लिए एक अनंतिम सरकार का गठन किया गया। प्रताप को इसका राष्ट्रपति घोषित किया गया। 1917 में वे रूस गए और लेनिनग्राद में ट्रॉट्स्की से मिले। जर्मनी, तुर्की और यू.एस.ए. अंग्रेजों के साथ एक समझौते के बाद, राजा ने प्रताप में रुचि खो दी। अंत में, यह संक्षेप में कहा गया है: "वह मुख्य रूप से अफ़गानिस्तान के एक अनौपचारिक आर्थिक मिशन पर है। हालाँकि, एक भारतीय के रूप में पैदा होने के कारण वह आदर्शवादी अमेरिकियों की उस भूमि में ब्रिटिश क्रूरताओं को भी उजागर करना चाहता था। इस मोड़ पर, जब भारत का महान स्वतंत्रता आंदोलन बड़ी गति से विकसित हो रहा है, यह आध्यात्मिक रूप से दिमाग वाले लोगों के साथ-साथ व्यापारियों के हित में है कि वे हमारे सामाजिक जीवन की इस नई घटना का ध्यानपूर्वक अध्ययन करें। ... वह इस देश (यूएसए) में अपने वर्तमान प्रवास के दौरान इस दिशा में कुछ व्यावहारिक परिणाम प्राप्त करने की उम्मीद करता है। वह अफगानिस्तान सूचना ब्यूरो और वाशिंगटन, डीसी में विश्व महासंघ का एक कार्यालय स्थापित करने की योजना बना रहा है। वह बस अपनी सर्वश्रेष्ठ समझ के अनुसार अपना कर्तव्य करने की

कोशिश करता है और भाग्य के काम को प्रकृति के नियमों पर छोड़ देता है!".. "यह जानना दिलचस्प होगा - एक स्वीडिश ने सिंह को क्यों नामित किया? इसका उत्तर उन दस्तावेजों में पाया जा सकता है, जो नामांकन पत्र के साथ भेजे गए थे। अर्थात्, सिंह ने "विश्व महासंघ" के विचार का समर्थन किया, जिसके बारे में एनए निल्सन ने 1910 में प्रचार किया, जैसा कि इससे स्पष्ट है: "फेडरेशन इंटरनेशनेल – डिस्कोर्स औ – xviii कांग्रेस यूनिवर्सल डे ला पेक्स (अंतर्राष्ट्रीय महासंघ – भाषण – xviii शांति की सार्वभौमिक कांग्रेस)।"

6

निर्वासन में भारत की अनंतिम सरकार

निर्वासन में भारत की अनंतिम सरकार

1 दिसंबर 1915 को प्रताप ने अफ़गानिस्तान के काबुल में आज़ाद हिंदुस्तान की निर्वासित सरकार के रूप में भारत की पहली अनंतिम सरकार की स्थापना की , जिसमें वे स्वयं राष्ट्रपति, मौलवी बरकतुल्लाह प्रधानमंत्री और मौलाना उबैदुल्लाह सिंधी गृह मंत्री थे, और उन्होंने अंग्रेजों के खिलाफ़ जिहाद की घोषणा की । ब्रिटिश विरोधी ताकतों ने उनके आंदोलन का समर्थन किया, लेकिन अंग्रेजों के प्रति स्पष्ट वफादारी के कारण, अमीर भारत में ब्रिटिश शासन को उखाड़ फेंकने के अभियान में देरी करता रहा।

1915 में निर्वासन में भारत की अनंतिम सरकार

1915-1919 में काबुल, अफ़गानिस्तान में निर्वासित भारत की अनंतिम सरकार की स्थापना की गई थी

1915-1919 में काबुल, अफ़गानिस्तान में निर्वासित भारत की अनंतिम सरकार की स्थापना की गई थी

निर्वासित भारत की अनंतिम सरकार 1915 में अफगानिस्तान के काबुल में स्थापित की गई थी। पश्चिमी उत्तर प्रदेश के जाट रियासत मुरसान के राजा बहादुर महेंद्र प्रताप सिंह इस सरकार के राष्ट्रपति थे। अमीर ने आधिकारिक तौर पर इसे कभी समर्थन नहीं दिया लेकिन अफगान सहानुभूति रखते थे और इसकी गतिविधियों को नजरअंदाज करते थे। एक महान अफगान राजनीतिक व्यक्ति महमूद तारज़ी ने इस सरकार द्वारा लिखी गई राजद्रोही सामग्री का अनुवाद और पुनरुत्पादन किया और अफगानों में वितरित किया। इस स्तर पर अफगानिस्तान में केवल आंतरिक स्वायत्तता थी। हाथरस के राजा बहादुर महेंद्र प्रताप सिंह ने इस अवधि के दौरान काबुल में जर्मन, तुर्की और दुनिया भर के अन्य नेताओं से मुलाकात की (फोटो देखें)। 1919 में अंगे्रजों के दबाव में, अफगान सरकार ने आधिकारिक तौर पर अनंतिम सरकार की गतिविधियों को बंद कर दिया

(श्रेय:- सरदार इंद्रजीत सिंह, स्रोत - जाट क्षत्रिय संस्कृति)

7

स्वदेश वापसी

स्वदेश वापसी

वे लगभग 32 वर्षों के बाद "सिटी ऑफ़ पेरिस" जहाज़ से भारत लौटे और 9 अगस्त 1946 को मद्रास पहुँचे। भारत पहुँचते ही वे महात्मा गांधी से मिलने के लिए तुरंत वर्धा पहुँचे।

राजा और गांधी के बीच एक और कड़ी है। अपने अख़बार यंग इंडिया में गांधी ने राजा को "एक महान देशभक्त" कहा था। "देश की खातिर इस महान व्यक्ति ने निर्वासन को अपना भाग्य चुना है। उन्होंने अपनी शानदार संपत्ति...शिक्षा के उद्देश्यों के लिए छोड़ दी है। प्रेम महाविद्यालय...उनकी रचना है," गांधी ने 1929 में लिखा था (नोबेल समिति के रिकॉर्ड के अनुसार)।

आज़ादी के बाद भी उन्होंने सत्ता को आम आदमी के हाथों में सौंपने के लिए अपना संघर्ष जारी रखा। उनका मानना था कि पंचायत राज ही एकमात्र ऐसा साधन है, जो लोगों के हाथों में वास्तविक शक्ति देगा और भ्रष्टाचार और नौकरशाही बाधाओं को कम करेगा। वे 1952-1957 और 1957-1962 तक एक स्वतंत्र उम्मीदवार के रूप में संसद सदस्य चुने गए। वे भारतीय स्वतंत्रता सेनानी संघ के अध्यक्ष थे। वे अखिल भारतीय जाट महासभा के भी अध्यक्ष थे।

भारत वापसी

वह 32 वर्षों के बाद सिटी ऑफ पेरिस जहाज से भारत लौटे और 9 अगस्त 1946 को मद्रास पहुंचे। भारत पहुंचने पर वह महात्मा गाँधी से मिलने वर्धा गए।

1957 लोकसभा चुनाव

वे 1957-1962 में दूसरी लोकसभा के सदस्य थे । वे 1957 के लोकसभा चुनावों में मथुरा निर्वाचन क्षेत्र से एक स्वतन्त्र उम्मीदवार के रूप में चुने गए थे । उन्होंने भारतीय जनसंघ (जो बाद में भाजपा में विकसित हुआ) के उम्मीदवार और भारत के भावी प्रधानमंत्री अटल बिहारी वाजपेयी को हराया था , जो पाँच उम्मीदवारों की सूची में चौथे स्थान पर थे।

दूरदर्शी व्यक्ति

राजा महेंद्र प्रताप एक महान दूरदर्शी व्यक्ति थे, जिन्होंने अपना पूरा जीवन मानवता की सेवा में समर्पित कर दिया। आजीवन क्रांतिकारी रहे यह व्यक्ति समाज और विश्व व्यवस्था में आमूलचूल परिवर्तन लाना चाहते थे। **विश्व संघ** का उनका विचार एक क्रांतिकारी विचार था, जिसमें उन्होंने पूरे विश्व को एक परिवार के रूप में माना। उनका मानना था कि इस विचार से पुलिस और सशस्त्र बलों पर होने वाले खर्च में कटौती होगी, जिसका उपयोग राष्ट्रों के विकास के लिए किया जा सकेगा। राजा महेंद्र प्रताप एक समर्पित पत्रकार और एक विपुल लेखक थे, जिन्होंने विभिन्न विषयों पर बड़ी संख्या में किताबें लिखीं।

राजा महेंद्र प्रताप महान देशभक्त थे, जिन्होंने भारतीय समाज में प्रेम, शांति और स्थिरता की वकालत की। वह एक बहुआयामी व्यक्तित्व थे जिन्होंने भारतीय समाज के उत्थान के लिए कई भूमिकाएँ निभाई। वह एक नैतिकतावादी, शिक्षाविद्, देशभक्त, दूरदर्शी और समाज सुधारक थे। उनका मिशन केवल भारत के स्वतंत्रता आंदोलन तक ही सीमित नहीं था, उन्होंने पड़ोसी और दूर के देशों के बीच व्यापार की वकालत करके विश्व एकता के लिए बहुत सारे काम किए। इस दृष्टिकोण से वह पहले दर्जे के अंतर्राष्ट्रीयवादी थे। उन्होंने दुनिया के बेहतर भविष्य और समृद्धि के लिए वैज्ञानिक प्रगति का समर्थन करने की भी कोशिश की। वह सभी जातियों की समानता के आधार पर विश्व महासंघ की स्थापना के लिए खड़े हुए। उन्होंने जापान और चीन में एक विश्व महासंघ क्लब की भी स्थापना की। यह दर्शाता है कि महेंद्र प्रताप मानवता के लिए एक संदेश देने वाले नेता थे।

वह साम्राज्यवाद के खिलाफ थे क्योंकि उनका मानना था कि साम्राज्यवाद विश्व शांति के लिए खतरा है। उनके दृष्टिकोण में धर्मनिरपेक्षता और मुक्ति के लिए उनका गहरा प्रेम झलकता था। इस प्रकार हम देखते हैं कि महेंद्र प्रताप वास्तव में भारत के एक महान पुत्र थे, जो भारत की स्वतंत्रता के लिए बहुत जोश से भरे थे। भारत की स्वतंत्रता में उनका योगदान अद्वितीय है। वह एक मिशनरी थे जिन्होंने अपना पूरा जीवन मानव जाति की सेवा के लिए समर्पित कर दिया। उन्होंने उन सभी समस्याओं के बारे में बात की जो आज के समय में भारतीय समाज में हैं। जाति व्यवस्था, दहेज, बेरोजगारी और अस्पृश्यता जैसी बुराइयाँ उनके एजेंडे में थीं। वह एक अनैतिक समाज का विनाश चाहते थे और इसकी जगह एक ऐसे समाज का निर्माण चाहते थे। जहाँ लोग प्रेम, शांति और सद्भाव के साथ रह सकें।

मृत्यु

एक अत्यंत घटनापूर्ण जीवन के बाद 29 अप्रैल 1979 को 93 वर्ष की आयु में नई दिल्ली में उनका निधन हो गया ।

डाक टिकट

राजा महेंद्र प्रताप डाक टिकट

राजा महेंद्र प्रताप डाक टिकट

भारतीय डाक एवं दूरसंचार विभाग स्वतंत्रता की वर्षगांठ पर 30 पैसे मूल्य का स्मारक डाक टिकट जारी करके भारत माता के एक क्रांतिकारी सपूत की स्मृति को नमन करता है। भारतीय डाक विभाग ने 15 अगस्त 1979 को उन पर डाक टिकट जारी किया था।

8

राजा महेंद्र प्रताप के योगदान एवं आंकलन

राजा महेंद्र प्रताप के योगदान एवं आंकलन

भारतीय इतिहास में राजा महेंद्र प्रताप के योगदान का इतिहासकारों द्वारा उचित मूल्यांकन नहीं किया गया है।

राजा महेंद्र प्रताप को 1932 में शांति के लिए नोबेल पुरस्कार के लिए नामित किया गया था। उस वर्ष पुरस्कार की घोषणा नहीं की गई थी और पुरस्कार राशि को इस पुरस्कार अनुभाग के एक विशेष कोष में आवंटित किया गया था और एक निश्चित अवधि के बाद नोबेल पुरस्कार समिति की टिप्पणियां निम्नानुसार सार्वजनिक की गईं:

"प्रताप ने अपनी संपत्ति शैक्षिक उद्देश्यों के लिए छोड़ दी, और उन्होंने वृन्दावन में एक तकनीकी कॉलेज की स्थापना की। 1913 में उन्होंने दक्षिण अफ्रीका में गांधी के अभियान में भाग लिया। उन्होंने अफगानिस्तान और भारत की स्थिति के बारे में जागरूकता पैदा करने के लिए दुनिया भर की यात्रा की। 1925 में वे तिब्बत में एक मिशन पर गए और दलाई लामा से मिले। वह मुख्य रूप से अफगानिस्तान की ओर से एक अनौपचारिक आर्थिक मिशन पर थे, लेकिन वह भारत में ब्रिटिश क्रूरताओं को भी उजागर करना चाहते थे। उन्होंने खुद को शक्तिहीन और कमज़ोर लोगों का सेवक कहा।"

नरेंद्र मोदी को धन्यवाद जिन्होंने 25 दिसंबर 2015 को अफगानिस्तान की संसद में दिए अपने भाषण में उन्हें याद किया : -

"भारतीयों को हमारे स्वतंत्रता संग्राम में अफ़गानों का समर्थन याद है; खान अब्दुल गफ़्फ़ार खान का योगदान, जिन्हें सीमांत गांधी के रूप में सम्मानित किया गया; और, उस इतिहास का महत्वपूर्ण फुटनोट, जब ठीक सौ साल पहले, महाराजा महेन्द्र प्रताप और **मौलाना बरकतुल्लाह** द्वारा काबुल में पहली भारतीय निर्वासित सरकार बनाई गई थी। राजा अमानुल्लाह ने एक बार महाराजा से कहा था कि जब तक भारत आज़ाद नहीं होगा, तब तक अफ़गानिस्तान सही मायनों में आज़ाद नहीं होगा। माननीय सदस्यगण, यह हमारे

बीच भाईचारे की भावना है" ।

राजा महेंद्र प्रताप सिंह विश्व विद्यालय अलीगढ़ की आधार शिला रखी गई

दिनांक 14 सितम्बर 2021 दिन मंगलवार को माननीय प्रधानमंत्री श्री नरेन्द्र मोदी जी भारत सरकार ने माननीय मुख्य मंत्री उत्तर प्रदेश सरकार श्री योगी जी की उपस्थिति में राजा महेंद्र प्रताप सिंह विश्व विद्यालय अलीगढ़ के आधार पर शिला रखी। प्रस्तावित लागत 100 करोड़ तथा निर्माण अवधि लगभग 2 वर्ष निश्चित की गई है।

9

राजा महेंद्र प्रताप लेख - 1

राजा महेंद्र प्रताप लेख - 1

मुरसान के जाट राजा महेंद्र प्रताप

भारत की स्वतंत्रता के लिए समर्थन जुटाने के अपने उत्साह में उन्होंने दुनिया के 21 देशों का दौरा किया था। उन्हें दुनिया का मार्को पोलो कहा जाता था। उन्हें आर्यन पेशवा भी कहा जाता था। उन्हें शान्ति के लिए नोबेल पुरस्कार के लिए नामांकित किया गया था। उन्होंने प्रथम विश्व युद्ध के दौरान काबुल में निर्वासन में रहते हुए स्वतंत्र भारत की अनंतिम सरकार बनाई थी। उन्होंने प्रथम विश्व युद्ध के दौरान काबुल में पहली आजाद हिन्द फ़ौज का भी गठन किया था। प्रथम विश्व युद्ध के शुरू होने से पहले जर्मनी के तत्कालीन चांसलर विलियम कैसर ने उन्हें एक निजी मुलाक़ात में एक दुर्लभ सम्मान दिया था। वे अपने दृष्टिकोण में बहुत ही विश्वव्यापी थे।

उन्होंने अलीगढ़ मुस्लिम विश्वविद्यालय की स्थापना के लिए शानदार ज़मीन दी थी। लेकिन यह कहते हुए बहुत दुख हो रहा है कि देश की आज़ादी के बाद से लगातार सरकारों ने भारत के इतिहास और स्वतंत्रता आंदोलन में उन्हें अस्पष्ट या अनदेखा किया है, लेकिन अभी भी सुधार किया जा सकता है। दिल्ली में कैनिंग रोड है और दिल्ली में टॉलस्टॉय रोड है, लेकिन कोई जाट राजा महेंद्र प्रताप रोड नहीं है। उन्हें मरणोपरांत "भारत रत्न" से सम्मानित और सम्मानित किया जाना चाहिए और भारत की राष्ट्रीय राजधानी दिल्ली के दिल में एक उपयुक्त स्मारक बनाया जाना चाहिए।

अधिक जानकारी के लिए पढ़ें कृष्ण चन्द्र ढाका का फेसबुक पर 19 फरवरी 2018 को लिखा गया लेख

कृष्ण चंद्र ढाका (आईएफएस सेवानिवृत्त)।

10

राजा महेंद्र प्रताप लेख - 2

राजा महेंद्र प्रताप लेख - 2

राजा महेंद्र प्रताप का जीवन परिचय

राजा महेंद्र प्रताप वो व्यक्ति थे जिन्होने देश के दुष्ट प्रधानमंत्री अटल बिहारी बाजपेयी को चुनाव में धूल चटा दी, ये वो क्रांतिकारी थे जिन्होने 28 साल पहले वो काम किया था, जो नेताजी बोस ने 1943 में किया था। ये वो व्यक्ति है, जिसे गांधी की तरह ही नोबेल पुरस्कार के लिए नामांकित किया गया और उन दोनों वर्षों में नोबेल पुरस्कार नहीं मिला और पुरस्कार राशि स्पेशल फंड में वितरित की गई।

राजा महेंद्र प्रताप का सही से आकलन इतिहासकारों ने किया होता तो आज राजा को ही नहीं दुनिया को हाथरस जिले और उनके शासन मुरसान को भी उसी तरह से जाना जाता, जैसे बाकी महापुरुषों के शहरों को जाना जाता है। आखिर कोई तो बात थी राजा में कि पीएम मोदी ने विद्रोह किया तो काबुल की संसद में अटल बिहारी वाजपेयी का शासन हो गया और राजा महेंद्र प्रताप की, वह भी तब जब राजा खुद को मार्क्सवादी कहते थे।

सीमांत या सीमांत गांधी को जानने वाले आज लाखों मिल जाएंगे, लेकिन राजा महेंद्र प्रताप का नाम कितने लोग जानते हैं, मोदी ने सीमांत गांधी के साथ राजा महेंद्र प्रताप का नाम लिया और उनके और अफगानिस्तान के राजाओं के बीच बातचीत को भाईचारे की भावना का प्रतीक बताया।

स्वदेशी आंदोलन : 1905 के स्वदेशी आंदोलन से वो इतना प्रभावित हुए कि अपने ससुर के मना करने के बावजूद वो 1906 के कांग्रेस के कोलकाता अधिवेशन में हिस्सा लेने चले गए। 19वीं सदी के प्रथम दशक में एक जाट और राजा के परिवार में कोई ऐसी सोच की भी हिम्मत नहीं कर सकता था। फिर विदेशी वस्त्रों के खिलाफ अपनी दुनिया में उन्होंने जबरदस्त अभियान चलाया।

बाद में उन्हें लगा कि देश में कुछ भी अधूरा रह सकता है। लाला हरदयाल, पद्मश्री पद्मविभूषण ... उस समय तक जर्मनी में रह रहे भारतीय क्रांतिकारी बर्लिन समिति बनी हुई थी, प्रथम विश्व युद्ध को वह एक मौका मान रहे थे, जब इंग्लैंड की विरोधी शक्तियों से हाथ मिलाकर भारत को गुलामी से मुक्ति मिल सकी।

राजा महेंद्र का नाम तब तक हो चुका था कि स्विट्जरलैंड में उनकी उपस्थिति की भनक लगती ही चट्टोपाध्याय ने लाला हरदयाल और श्याम जी कृष्ण वर्मा को बर्लिन में लौटने को कहा। बाकायदा जर्मनी के विदेश मंत्रालय से उन्हें वापस बुलाया गया। लेकिन राजा ने खुद जर्मनी के राजा से व्यक्तिगत तौर पर मिलने की इच्छा जताई, जहां जर्मनी के राजा भी उनसे मिलना चाहते थे, जर्मनी के राजा ने उन्हें 'ऑर्डर ऑफ द रेड ईगल' (ऑर्डर ऑफ द रेड ईगल) की उपाधि से सम्मानित किया। । राजा जींद के दामाद थे और उन्होंने अफगानिस्तान की सीमा से भारत में घुसने के लिए पंजाब की फुलकियां राज्यों जींद, नाभा, पटियाला की स्वतंत्रता आंदोलन की उनसे चर्चा की।

जर्मन राजा काफी दयालु थे और वे बर्लिन से चले आये। बर्लिन छोड़ने से पहले उन्होंने पोलेंड सीमा पर सेना के शिविर में स्थायी युद्ध की ट्रेनिंग भी ली। उसके बाद वह स्विट्जरलैंड, तुर्की, मिस्र में वहां के शासकों से ब्रिटिश सरकार के समर्थन से हुसैन के खिलाफ चले गए, उसके बाद अफगानिस्तान पहुंचे। उन्हें लगा कि यहां रहकर वो भारत के सबसे करीब होंगे और ब्रिटिश सरकार के खिलाफ जंग यहां रहकर लड़ी जा सकती है।

आप जानकर हैरान रह जाएंगे कि उस वक्त जब वो कई देश के राजाओं से अपने देश की आजादी के लिए मिल रहे थे, उनकी उम्र महज 28 साल थी और अगले 32 साल वो दुनिया भर की खाक हीचमकते रहे..... दरबदर।

भारत की पहली दलित सरकार : एक दिसंबर 1915 का दिन था, राजा महेंद्र प्रताप का जन्मदिन, वह दिन वो 28 साल के हुए थे। उन्होंने भारत से बाहर देश की पहली आजाद सरकार का गठन किया, बाद में सुभाष चंद्र बोस ने 28 साल बाद सिंगापुर में आजाद हिंद सरकार का गठन किया। राजा महेंद्र प्रताप को उस सरकार का राष्ट्रपति बनाया गया यानी राज्य प्रमुख। मौलवी बरकतउल्लाह को राजा का प्रधानमंत्री घोषित किया गया और अबैदुल्लाह सिंधी को गृहमंत्री बनाया गया।

बाद में, भोपाल के रहने वाले बरकतउल्लाह के नाम पर भोपाल में बरकतउल्लाह यूनिवर्सिटी खोली गई। राजा की इस काबुल सरकार ने बाकायदा ब्रिटिश सरकार के खिलाफ जेहाद का नारा दिया। लगभग हर देश में राजा की सरकार ने अपने राजदूत को नियुक्त कर दिया, बाकायदा वह उन गवाहों से भारत के राजदूत को मान्यता देने की बातचीत में शामिल हो गए। लेकिन उस समय कोई बेहतर सैन्य रणनीति नहीं थी और न ही उन्हें इस रिवोल्यूशनरी आइडिया के लिए बोस जैसा समर्थन मिला और सरकार बनी रही। लेकिन राजा की लड़ाई

थीमी नहीं उनकी जिंदगी तो पागलपन थी।

दिलचस्प बात यह थी कि जिस साल राजा ने भारत की पहली पूर्ण सरकार बनाई थी, उसी साल गांधी जी दक्षिण अफ्रीका से भारत वापस आए थे और प्रथम विश्व युद्ध के लिए भारतीयों को ब्रिटिश सेना में भर्ती करवा रहे थे, उन्हें भर्ती करने वाला सार्जेंट तक कहा गया था।

राजा के सिर पर ब्रिटिश सरकार ने इनाम रख दिया, राजा अपने कब्जे में ले लिया, और राजा को भगोड़ा घोषित कर दिया। राजा ने काफी परेशानी के दिन झेले। फिर उन्होंने जापान में जाकर एक पत्रिका शुरू की, जिसका नाम था वर्ल्ड फेडरेशन। लंबे समय तक इस पत्रिका के माध्यम से ब्रिटिश सरकार की क्रूरता को वो दुनिया भर के सामने लाते रहे। फिर दूसरे विश्व युद्ध के दौरान राजा ने एक आपातकालीन सुरक्षा बोर्ड बनाया, ताकि ब्रिटिश सरकार को भारत छोड़ने के लिए मजबूर किया जा सके। लेकिन युद्ध खत्म होते-होते सरकार राजा की तरफ नरम हो गई थी, फिर आजादी होने भी तय मानने लगी। राजा को भारत आने की अनुमति मिली। ठीक 32 साल बाद राजा भारत आए, 1946 में राजा मद्रास के समुद्र तट पर उतरे। वहां से वह घर नहीं गए, सीधे वर्धा पहुंचे गांधीजी से मिलने।

गांधीजी और राजा में अजीबो-गरीब रिश्ता था, बहुत कम लोगों को पता होगा कि हाथरस के इस राजा को नोबेल पुरस्कार के लिए नामांकित किया गया था और एक तय वक्त के बाद नोबेल समिति की टिप्पणियों को सार्वजनिक कर दिया गया था।

सबसे खास बात यह थी कि नोबेल पुरस्कार समिति की सदस्य रहीं सोनिया गांधी से यह पता चला कि वे गांधीजी के दक्षिण अफ्रीका वाले आंदोलन में भी हिस्सा लेने पहुंची थीं, इतना ही नहीं वे तिब्बती मिशन पर दलाई लामा से भी मिलीं थीं। ऐसे ही अंतर्राष्ट्रीय स्मारक के थे राजा महेंद्र प्रताप। उस साल किसी को भी नोबेल पुरस्कार नहीं दिया गया, सारी पुरस्कार राशि किसी विशेष फंड में दे दी गई। इसका गांधी कनेक्शन यह है कि बिलकुल ऐसा ही तब हुआ था, जब गांधीजी को 1948 में नोबेल पुरस्कार के लिए नामित किया गया था, गांधीजी की हत्या होने के चलते बात आगे नहीं बढ़ी और उस साल भी नोबेल पुरस्कार के लिए किसी के नाम का ऐलान हुआ। नहीं हुआ। सारा पैसा स्पेशल फंड में दे दिया गया।

नोबेल पुरस्कार समिति की टिप्पणियों से ही पता चलता है कि गांधीजी ने एक बार राजा महेंद्र प्रताप की अपने अखबार यंग इंडिया में क्रूर लड़ाई की थी, गांधीजी ने लिखा था, "देश की खातिर इस महानुभाव ने निर्वासन को अपना भाग्य चुना है। उन्होंने अपनी शानदार संपत्ति ... शैक्षिक उद्देश्यों के लिए छोड़ दी है। प्रेम महाविद्यालय ... उनकी रचना है,"।

गांधीजी अपने गहरे रिश्तेदारों की मिसाल देखते हुए, 32 साल बाद भारत आए तो सीधे उनसे मिलने जा पहुंचे, मद्रास से सीधे वर्धा। इसके बावजूद वो कांग्रेस में शामिल नहीं हुए।

लेकिन उनकी मुट्ठी इस कदर बड़ी थी कि कांग्रेस तो उस वक्त के जनसंघ के बड़े नेता और बुद्धिमान पीएम अटल बिहारी वाजपेयी को भी कांग्रेस के चुनाव में धूल चटा दी। वो 1952 में मथुरा से वैलंट सांसद बने और 1957 में फिर से अटल बिहारी वाजपेयी को हराकर वैलंट ही सांसद चुने गए। बिना किसी का अहसान के लिए शान से राजा की तरह जीते रहे।

राजा महेंद्र प्रताप की उपलब्धियां दफन कम नहीं होतीं, उनके खाते में भारत का पहला पॉलिटेक्निक कॉलेज भी है। उन्होंने अपने बेटे का नाम प्रेम और वृंदावन में एक पॉलिटेक्निक कॉलेज खोला, जिसका नाम प्रेम महाविद्यालय रखा गया। राजा मॉडर्न शिक्षा के हिमायती थे, तभी एक लाख के लिए भी जमीन दान कर दी।

देश की आजादी के बाद लोग मानते थे कि उनसे बेहतर कोई विदेश मंत्री नहीं हो सकता था, लेकिन वह किसी से कुछ मांग नहीं कर रहे थे और आमजन के लिए काम करते रहे। पंचायत राजपत्र, किसान और स्वतंत्रता सेनानियों के लिए लड़ते रहे।

राजा जो भी काम करते थे, वह क्रांति के स्तर पर जाकर करते थे। वे हिन्दू घरों में पैदा हुए थे, वे मुस्लिम संस्थाओं में पढ़े थे, यूरोप में विभिन्न ईसाइयों से उनके गहरे रिश्ते थे, सिख धर्म से जुड़े परिवार से उनकी शादी हुई थी। लेकिन उन्हें लगता है कि मानव धर्म ही सबसे बड़ा धर्म है या सभी धर्मों का सार यह है कि मानवता को, प्रेम को बढ़ावा मिलना चाहिए। राजा महेन्द्र प्रताप ने तब वो कर डाला जो कभी मुगल बादशाह अकबर ने किया था, जैसे अकबर ने नया धर्म दीन ए इलाही चलाया था, वैसे भी राजा महेन्द्र प्रताप ने भी एक नया धर्म शुरू कर दिया, प्रेम धर्म। इस धर्म के अनुयायी का एक ही उद्देश्य था प्रेम से रहना, प्रेम फैलाना और प्रेम भाईचारे का संदेश देना। यद्यपि दीन ए इलाही की तरह प्रेम धर्म भीहे चलाने वाले के साथ ही गुमनामी में खो गया।

राजा महेन्द्र प्रताप भी कुछ ऐसे पहलुओं में से हैं, जिनका मूल्यांकन स्वतंत्रता के बाद के इतिहासकारों ने सही ढंग से नहीं किया। दुनिया भले ही नोबेल के लायक उन्हें मान ले, लेकिन सरकार उनकी जयंती तक मनाने लायक नहीं समझती और ये नाइंसाफी की मार केवल राजा महेंद्र प्रताप ने ही नहीं उगी, उनके जिले के हाथरस भी उगी है।

साभार - इस जाट राजा ने नेताजी से 28 साल पहले बना ली थी "आजाद हिन्द सरकार", नोबेल के लिए हुआ था नोमिनेट, विष्णु शर्मा ब्लॉग 11 जनवरी 2016।

इस 'जाट राजा' ने दी थी बाजपेयी की जमानत

क्रांतिकारी को जिताने के लिए खुद ही हार को गले लगाया

अटलजी के बारे में कई किस्से ऐसे हैं, जो लोगों को सोचने पर मजबूर कर देते हैं कि क्या कोई इंसान ऐसा भी कर सकता है। ऐसा ही एक किस्सा अटलजी के लोकसभा चुनाव लड़ने से जुड़ हुआ है।

अटल बिहारी वाजपेयी ने अपना पहला लोकसभा चुनाव 1957 में तीन सीट से लड़ा था। भारतीय जनसंघ पार्टी ने उन्हें अपना उम्मीदवार बनाया था। अटलजी ने पहला चुनाव उत्तर प्रदेश के बलरामपुर, लखनऊ और मथुरा लोकसभा सीट से लड़ा था। संयोग से 1957 के लोकसभा चुनाव में अटलजी के सामने निर्दलीय चुनाव लड़ने वाले राजा महेंद्र प्रताप थे। महेंद्र प्रताप क्रांतिकारी रहे थे। आजादी की लड़ाई में महेंद्र प्रताप का अहम योगदान था। मथुरा के गांधी पार्क में चल रही अपनी एक जनसभा में अटलजी ने कहा था कि मथुरा वालों जैसा प्यार आप मुझे दे रहे हो, ठीक वैसा ही प्यार मुझे बलरामपुर में भी मिल रहा है। इसलिए मैं चाहता हूं कि मथुरा से आप राजा महेंद्र प्रताप को जिताओ और मेरी चिंता मत करो। ऊपर वाले ने चाहा तो मैं बलरामपुर से जीत जाऊंगा। हुआ भी ऐसा ही। अटलजी बलरामपुर से चुनाव जीत गए और मथुरा में उनकी जमानत जब्त हो गई। एक क्रांतिकारी को जिताने के लिए अटलजी ने खुद ही हार को गले लगा लिया था।

राजा महेंद्र प्रताप ने ही अटल बिहारी बाजपेयी को 1957 के आम चुनाव में करारी शिकस्त दी थी। चुनावी दस्तावेजों को पलटें तो पता चला कि 1957 के लोक सभा चुनाव में मथुरा लोकसभा सीट से राजा महेंद्र प्रताप सिंह ने चुनाव लड़ा था। इस चुनाव में लगभग 4 लाख 23 हजार 432 वोटर थे। जिसमें 55 फीसदी यानी करीब 2 लाख 34 हजार 190 लोगों ने अपनी फ्रेंचाइजी का प्रयोग किया था। 55 प्रतिशत वोट उस वक्त पड़ना बड़ी बात होती थी। इस चुनाव में जीते हुए राजा महेंद्र प्रताप सिंह ने भारतीय जनसंघ पार्टी के उम्मीदवार अटल बिहारी वाजपेयी की जमानत तक सुरक्षित करा दी थी। क्योंकि नियमानुसार कुल वोटों का 1/6 वोट मिलने पर जमानत राशि सुरक्षित नहीं हो सकती है। अटल बिहारी इस चुनाव में 1/6 से भी कम वोट मिले थे। जबकि राजा महेंद्र प्रताप को सर्वाधिक वोट मिले और वह विजयी हुए।

11

राजा महेंद्र प्रताप लेख - 3

राजा महेन्द्र प्रताप जन्मोत्सव 1 दिसम्बर पर एक विहंगम दृश्य

विश्व बंधुत्व का महानायक आर्यन पेशवा (सम्राट) राजा महेंद्र प्रताप जन्मोत्सव 1 दिसंबर पर एक विहंगम दृष्टि

"स्वतंत्रता संग्राम का दीवाना। भारत का पहला राजघराना"।

भारत भूमि आदिकाल से ही समस्त भूमंडल को अपनी उर्वरा के द्वारा आलोकित करती रहती है। इस धर्म प्रसूता वसुंधरा पर अनेक नायक, महाननायक, लोकनायक हमारे प्रणेता रहे हैं। इसी ब्रजभूमि के मुरसान गांव में राजा घनश्याम सिंह की धर्मपत्नी माता दनकौर की कुक्षी (कोख) से एक बालक का जन्म हुआ। रानी दनकौर जन्म देते ही चल बसी। 1 दिसम्बर 1886 का दिन मुरसान महल में हर्ष एवं विशाद का दिन था। आगे चलकर यह बालक विश्वबन्धुत्व का महानायक आर्यन् पेशवा के नाम से प्रचलित हुआ। बालकों के जन्म के समय राजा घनश्याम सिंह अवसाद में आ गए थे, लेकिन आर्य विचारधारा के कारण अवसाद अधिक दिनों तक नहीं टिक सका तथा उन्होंने बालकों के लालन-पालन पर ध्यान केंद्रित किया।

"मेरी 50 वर्ष की यात्रा" पुस्तक में आर्यन पेशवा राजा महेंद्र प्रताप लिखते हैं कि "एक विश्वसनीय नापित अभिभावक की भूमिका निभाई थी।" एक ब्राह्मण मुझे हिंदी लाखों में आता था तथा मौलवी मुझे फ़ारसी लाखों में आता था। 8 वर्ष की आयु में एक पब्लिक स्कूल में प्रवेश लिया गया। लेकिन इस स्कूल में मेरा मन नहीं लगा। फिर अलीगढ़ के प्रसिद्ध मोहम्मदन कॉलेज (एंग्लो ओरिएंटल) कॉलेज जिसे माओ कॉलेज के नाम से जाना जाता था, में प्रवेश लिया गया। वहां मुझे दस सेवादार (नौकर) रहते थे। पांचवी कक्षा में मुझे श्री नियाज मोहम्मद ने खूब डंडों से पीटा। एक बार कक्षा छ: तथा एक बार एम.ए. में फेल हुआ। मैं बड़ा खर्चीला था। मेरे हेडमास्टर मि. मौस ने कहा था कि संभाल कर खर्च मत करो तो

एक दिन कंगाल हो जाओगे। बस इसी विचार ने मेरा मन मस्तिष्क बदल दिया और सादगी से रहने लगा। सन् 1902 में पिताश्री की मृत्यु हो गई थी उस समय मेरी आयु मात्र सोलह वर्ष थी। इसी वर्ष मेरा विवाह जीन्द राजा के महाराजा रण सिंह की छोटी बहिन बलवीर कौर से हुआ। सन् 1911 युवाओं को राजकाज के बोझ से बी.ए. की पढ़ाई के बीच में छोड़ दिया। विद्यार्थियों के जीवन में राजपरिवार के राजकुमारों की संगत से शराब की भी लत पड़ गई थी, लेकिन आर्य समाज से प्रभावित होकर शराब को सन् 1910 ई. में सदा के लिए अलविदा कर दिया।

सन् 1909 के घर में एक कन्या का जन्म हुआ। मैंने किसी ब्राह्मण को नहीं बुलाया। नामकरण संस्कार में 'भक्ति' नाम रखा गया। सन् 1912 में एक पुत्र का जन्म हुआ उसका नामकरण संस्कार भी मैंने स्वयं किया। राजकुमार का नाम प्रेम प्रताप रखा। मैं स्वयं ब्राह्मणवादी आदिवासियों और पाखंडों के खिलाफ था।

1970 से 1980 तक पूरे देश का भ्रमण किया गया। सभी धार्मिक तीर्थ स्थलों पर भी शोषण होते देखा गया। इस भ्रमण से भारत भूमंडल को पढ़कर, आश्चर्य का अवसर मिला। भारत की गरीबी, रूढ़िवादिता, जात-पात, गरीबी-छूत, ऊंचा-नीच, छोटा-बड़ा तथा अंग्रेजों के शासन का कुचक्र भी देखा गया, जिस प्रकार भारतीयों से घृणा का व्यवहार होता था। धर्म की गुस्तक, पंडा पुजारी भी अपने कुचक्र से आम जनता का शोषण कर अपने मकड़जाल में फंसाए गए थे। एक बार द्वारिका मंदिर में जाट मूर्तियों पर मैंने अपने को भंगी बता दिया, तब मुझे मंदिर में घुसने नहीं दिया। उस समय मैं बड़ौदा नरेश के रियासती डाक बंगले में उल्लेखित हुआ था। वास्तविकता का पता लगने पर पुजारियों ने आकर डाक बंगले पर माफी मांगी। अब राजा मंदिर नहीं जायेगा ।

जहां ऐसे पाखंडी रहते हैं। मैं वहां जीवन भर नहीं गया।" उन्होंने इस वचन को अंतिम श्वास तक निभाया। पहाड़ से उनके मन में विश्वबन्धुत्व, विश्व समाज, संसार संघ (यू•एन•ओ) की ज्वाला उत्पन्न हुई। वह समय उनकी आयु लगभग छः वर्ष थी।

17 अगस्त 1991 से 17 दिसंबर 1991 तक उनकी नवविवाहिता पत्नी रानी बलवीर कौर विभिन्न देशों जैसे मारसौली, जिनेवा, वेनिस, फियूस बुडोपेस्ट, वियना, बर्लिन, पेरिस, लंदन, न्यूयॉर्क, वाशिंगटन, फिलाडेल्फिया, मांड्रिपाल, क्यूबे, ओटावा, टोरन्टो के साथ रहीं। ,नियाग्रा फॉल्स, बेकुवर, विक्टोरिया आदि अनेकानेक स्थानों का दौरा कर भारत से तुलना की। राजा ने सोचा कि भारत क्या था? क्या हो गया है? क्या बन गया है? टोरेंटो के एक कस्टम अधिकारी ने राजा से बातचीत कर कहा कि आपकी और आपके भारत की फिलॉसफी इतनी ऊंची है, फिर भी आपकी फिलॉसफी भारत को गुलामी से नहीं बचा सकती। उस अधिकारी का यह वाक्य उसकी छाती में सदा के लिए गढ़ गया।

इसी से उन्होंने अपने देश को आजाद करने का प्रण लिया और सारा जीवन इसी में खपा दिया। रानी बलवीर कौर ने यूरोप यात्रा के दौरान भारतीय शैली को अपनी छाप छोड़ी।

विदेशी दौरे से राजा साहब को यह शिक्षा मिली कि भारतवर्ष से अंग्रेजों ने तकनीकी शिक्षा समाप्त कर दी है जो पूरे विश्व में शिरोमणि थी। भारतवर्ष पर प्रेम महाविद्यालय की नींव सन् 1909 में रखी गयी। 2 अगस्त 1909 से नियमित रूप से चलें। महेशचन्द्र सिन्हा प्रथम उपस्थित थे। संस्था सोसायटी एक्ट 1860 के अंतर्गत 25 जुलाई 1910 को पंजीकरण कराकर हजारों का दान दिया गया। बाद में पं. मदन मोहन मालवीय के परामर्श से संस्था को अपने आधे जायदाद का दान कर दिया। यह भारत का पहला तकनीकी संस्थान है, जो वृंदावन में 128 वर्षों तक तकनीक से परिपूर्ण तीर्थ स्थल का साक्षी है। महात्मा गांधी, जवाहरलाल नेहरू, शिव वर्मा, आजाद शुभानी, सी.एफ. एंड्रयूज, मदन मोहन मालवीय जैसे लोग भी इस पर गर्व करते थे।

सन् 1912 में आर्यन पेशवा राजा महेंद्र प्रताप ने अपने शिष्ट मंडल के साथ तकनीकी अनुभव प्राप्त करने के लिए इंग्लैंड के विभिन्न शहरों लंदन, एडिनबर्ग, पेरिस, ग्लासगो, बर्लिन, ज्यूसित, वर्मिंघम, लीड्स, शेफिल, वायंगेस्टर आदि स्थानों की गहराई से अध्ययन किया। फ्रांसीसी भाषा को पेरिस में ही सीखा गया था। आप बर्लिन पेरिस, अफगानिस्तान, तुर्की होते हुए भारत पहुंचे।

ब्रिटिश साम्राज्य को आर्यन पेशवा ने चुनौती के रूप में स्वीकार किया। प्रत्येक देश की जनता अंग्रेजों से छुटकारा चाहती थी। इसी प्रकार स्वतंत्रता की लड़ाई में भारतीयों का दृढ़ संकल्प लेकर, अंग्रेजों ने स्वतंत्रता संग्राम में छलांग लगा दी। 1990 पेड़ों में कांग्रेस का वार्षिक अधिवेशन कोलकाता में हो रहा था। दादा भाई नौरोजी इसकी अध्यक्षता कर रहे थे। वे इस सम्मेलन में भाग लेने के लिए संगरूर से कोलकाता गए। उस समय जींद रियासत के महाराजा ऋषि सिंह ने कहा था कि हमें रियासतों को अंग्रेजों के खिलाफ नहीं जाना चाहिए। इस पर आर्यन् पेशवा राजा महेंद्र प्रताप ने कहा कि आपको अपनी रियासतों की चिंता है, मुझे गुलाम राष्ट्र में जीना मुश्किल हो रहा है। राजनीति में प्रवेश किए बिना आपका लक्ष्य तक नहीं पहुंचा जा सकता। कोलकाता अधिवेशन में राजा साहब ने दादाभाई नौरोजी, विपिनचंद्र पाल, लोकमान्य तिलक, लाजपत राय और बड़ौदा के महाराज सयाजीराव गायकवाद से विचार सुना और मन की उथल-पुथल ने सक्रिय राजनीति से जोड़ा।

दाह संस्कार के समय राजा साहब की कांग्रेस में बड़े-बड़े नेताओं की गिनती होने लगी। 1910 में चढ़ाई (इलाहाबाद) आनंद भवन में शिक्षा के अधिकार का प्रस्ताव सबके लिए रखा। वे भारत में एक समान सर्व शिक्षा अभियान चलाना चाहते थे, पर उस समय कामयाब नहीं हुए लेकिन इस विचार से बड़े नेताओं में उनका कद बढ़ गया। राजा साहब जात पात के खिलाफ थे। उनका कहना था कि "जात पात अकाद हमारे कट्टर दुश्मन हैं, हम सब कोई छुटकारे नहीं हैं"। राजा साहब ने अफ्रीका जाने की अनुमति श्री गोपाल कृष्ण गोखले से मांगी तो गोखले जी ने कहा कि राजा साहब उत्तर भारत में स्वेच्छा से संघर्ष करने के लिए क्या लोग तैयार हैं? इस पर राजा साहब ने उत्तरी भारत से ही आजादी की अलख जगाने का संकल्प लिया।

राजा महेन्द्र प्रताप शिक्षा एवं नारी शिक्षा के माध्यम से आंदोलन को आगे बढ़ाना चाहते थे। शिक्षा से ही देश प्रेम होगा इसलिए महिलाओं को शिक्षित करना जरूरी है। 15 अगस्त 1944 को प्रेम महाविद्यालय का वार्षिक सम्मेलन हुआ जिसकी अध्यक्षता आर्यन पेशवा के मित्र आगरा के कमिश्नर मिदंपर ने की। मथुरा के डेम (कलेक्टर) भी बुलाए गए। आर्यन् पेशवा महेंद्र प्रताप जी ने अपने समापन भाषण में कहा – “हम अन्याय को गद्दी से उतार कर न्याय को बधाई देंगे”। इस प्रकार के बयान को सुनकर उनके मित्र कमिश्नर मिदंपियर ने नाराजगी जाहिर करते हुए कहा कि यह भाषण अंग्रेजों के खिलाफ है। इस पर श्रीमान डांपियर कमिश्नर को राजा साहब ने दो टूक उत्तर दिया कि “मैं अंग्रेजी राज्य का भुरता बनाऊंगा।” इस प्रकार राजा साहब अंग्रेजों के खिलाफ आग उगलने वाले प्रथम महारथी बन गए।

वे अब अंग्रेजों की आंखों में खटकने लगे। उनके क्रांतिकारी विचारों को समाचार में प्रकाशित होने लगा। एक संपादक और पत्रकार सुभासकीराम “कॉस्मापॉलिटन” नामक पत्रिका में राजा साहब के स्वतंत्रता के विचारों को प्रथम पृष्ठ पर छापने लगे। स्वयं राजा साहब ने भी प्रेम नामक समाचार पत्र निकालना शुरू किया क्योंकि आजादी की चिंगारी और सुलगने लगी।

अब ब्रिटिश सरकार राजा महेंद्र प्रताप को भी देशद्रोह का आरोप लगाकर जेल में डालना चाहती थी। राजा साहब ब्रिटिश सरकार की चालबाजी से परिचित थे। वे जेल में सड़ने के बजाय बाहर स्वतंत्र भारत की आजादी की लड़ाई चाहते थे। वे ब्रिटिश सरकार की फूटी आंख नहीं सुहाती थीं। प्रथम विश्व युद्ध प्रारम्भ हुआ। इंग्लैंड पर जर्मन आक्रमण कर दिया। वैसे इंग्लैंड और जर्मन में ममेरे फ़्यूफरों का राज्य था। राजा के दोनों ही दुश्मन थे पर राजा ने जर्मन का साथ देने की घोषणा कर दी। 20 अगस्त 1914 को रात 10.00 बजे अपनी पत्नी को रोते बिलखते छोड़ कर (धर्म नामक बंगले से) विदा हुए। उनकी 5 वर्षीय पुत्री ‘भक्ति’ ने यह नजारा देखा। प्रेम महाविद्यालय को सेठ नारायणदास बी.ए., कु. हुकम सिंह एवं स्वामी श्रद्धानंद के पुत्र हरीशचंद्र को समर्पित कर बंबई पहुंचे। राजा साहब बम्बई से लंदन कूच कर गए लेकिन हवाई जहाज का टिकट नहीं था।

लंदन से आर्यन पेशवा जिनेवा पहुंचे। वहां क्रांतिकारी श्यामजी कृष्ण वर्मा ने उनका स्वागत किया। राजा साहब ने लाला हरदयाल एम.ए. से भेंट की और जर्मन के शासक चांसलर कैसर से मिलने गए। जिनेवा में सरोजिनी नायडू के भाई चट्टोपाध्याय के घर रहे और देश की आजादी पर विचार किया। 10 फरवरी 1915 में दोनों बर्लिन पहुंचे। जर्मन चांसलर ने आर्यन पेशवा के कहने पर भारत के समस्त राजाओं को पत्र लिखा कि “लुटेरे अंग्रेजों के खिलाफ देसी रियासतों के राजा सब लामबंद हो जाओ।” जर्मन ने भारत के साथ युद्ध करने का वादा किया और चांसलर ने राजा साहब को लाखों रुपए देकर अफगानिस्तान भेज दिया। शिकागो, बुल्गारिया कभी पैदल, कहीं-कहीं, माउंट और रेल मार्ग से सफर तय करते हुए देखे गए। इराक, ईरान होते हुए 2 अक्टूबर 1915 को काबुल में प्रवेश किया।

अफ़ग़ानिस्तान कभी भारत का राज्य हुआ करता था। वहां हमारा खून का रिश्ता है।

1 दिसंबर 1915 को राजा साहब ने अस्थाई हिंद सरकार की स्थापना कर कहा, "आज अपने भारतवर्ष के पुराने राज्य से राजधानी काबुल है अस्थाई हिंद सरकार के गठन का प्रस्ताव रखती हूं।" आज बारह सौ वर्ष से गुलामी के जुए को फेंकते हुए पहली सरकार बनाई जो दुष्ट दमनकारी अंग्रेजों को भारत से खड़े होने के लिए विश्व स्तर पर भारत का प्रतिनिधित्व करेंगे। आजादी पाने के बाद यह सरकार दिल्ली में एक स्थायी लोकतांत्रिक सरकार का गठन करेगी।" प्रेस्टीज ग्रुप ने प्रशंसकों से हाथ मिलाया समर्थन किया। अस्थाई हिन्द सरकार के आर्यन पेशवा राजा महेंद्र प्रताप राष्ट्रपति चुने गए और राष्ट्रपति ने अपना मंत्रिमंडल चुना। अफगानिस्तान के साथ जम्मू कश्मीर के राजा हरिसिंह तथा नाभा राज्य ने मान्यता दे दी। साथ ही अफ़ग़ानिस्तान बादशाह हबीबुल्लाह ने पचास हज़ार अफ़रीदी जाटों की सेना का गठन कर राजा को पराजित किया। राजा साहब ने इस सेना का नाम "विश्व सेना" रखा। यह खबर विश्व में आग की तरह फैली। भारतीय राष्ट्रीय कांग्रेस को इससे सदमा लगा। सारे विश्व में अराजकता फैल गई, क्योंकि अंग्रेजों के राज्य में सूरज छिपता नहीं था। अब आर्यन पेशवा राष्ट्रीय नहीं, अन्तर्राष्ट्रीय नेता बन चुके थे। अंग्रेज किसी भी प्रकार महेंद्र प्रताप को गिरफ्तार करना चाहते थे। इस दौरान राजा साहब ने रूस से भी संधि कर ली। उन पर पूरा खर्च सरकार कर रही थी इसी कारण अंग्रेजों ने 1919 अफ़ग़ानिस्तान पर युद्ध छिड़ गया। इस युद्ध में राजा साहब की "विश्व सेना" ने अफ़गानिस्तान की भारी मदद की और अंग्रेजों को जनधन की बहुत हानि हुई। राजा साहब अब तक नेपाल से भी संधि कर चुके थे। तुर्की के अकाल के समय में राजा ने मुगलों एवं ताशकंद (रूस) से सहायता प्राप्त की। बाद में स्विट्जरलैंड के विदेश मंत्री 'मुंह' से मिले। वहां भी दोस्ता कर बैठे फिर जापान पहुंचे। जापान के शहर याकोहामा में रसबिहारी बोस से पैदा हुई। जापान के लोगों ने "मार्को पोलो" की उपाधि से अलंकृत किया। साथ ही बताया गया है कि जापान भी आपके जम्बूद्वीप का एक भाग है क्योंकि संपूर्ण एशियाई देशों को वैदिक काल में जम्बूद्वीपे भरतखण्डे आर्यावर्त परिसर में माना गया है।

जापान से राजा साहब चीन पहुंचे। वहां चीन की संसद को दिशा देकर प्रथम भारतीय बने। यह भाषण विश्व की सभी रचनाओं में छपा है। इस भाषण से पूरे विश्व में आर्यन पेशवा की धक जम गई। अंग्रेजी करतूतों से सावधान रहते हुए पुनः जापान लौट आएं। राजा साहब ने 1922 में मुगलों के बादशाह के सहयोग से "आजाद हिंद फौज" का गठन किया। बाद में इसी आजाद हिन्द फौज को रासबिहारी बोस ने आगे बढ़ाया। जिसे बाद में सुभाष चंद्र बोस ने पुनर्गठित कर संवारा और उजागर किया था। इसी सेना ने भारत की आजादी में महत्वपूर्ण भूमिका निभाई थी।

राजा साहब जापान से मंगोलिया फिर चीन से रूस की सीमा में प्रवेश कर गए। 1 जनवरी 1915 को न्यूयॉर्क पहुंचे। 6 नवम्बर 1925 को तिब्बत में प्रवेश किया गया। राजा साहब तिब्बत को स्वर्ण भूमि, सृष्टि की उत्पत्ति, आर्य ग्रंथों के आधार मानते थे। तिब्बत अब

बौद्धों की धरती, एशिया की धड़कन एवं संसार की छत है।15जुलाई1927 को सीलोन (लंका) पहुंचकर एक मिशन में छात्रों को निर्देशित करते हुए कहा गया कि "अधिकार गिड़गिड़ाने से उनकी कुर्बानी नहीं मिलती है।" अधिकार छीने जाते हैं। एक दिन अंग्रेज भागते नजर आएंगे आप देखोगे"। इसी दौरान 1 सितम्बर 1929 को बर्लिन में "संसार संघ" की नींव रखी गई एवं राजा साहब ने तीन प्रस्ताव रखे (1) मेरा मानव धर्म है (2) सब सरकारें संकुचित विचार छोड़ (3) सभी निर्मित हो, नारी की शिक्षा के बिना विकास संभव नहीं है।

इसी दौरान न्यूयॉर्क में उनकी डेथ कॉल इमर्सन से हुई। इमरसन ने राजा को एशिया मैगजीन के संपादक से मिलवाया में राजा साहब के लेख छपने लगे। इन लेखों ने आर्यन पेशवा को विश्व संघ (यू.एन.ओ) का बेताज बादशाह बना दिया।

एक बार संसार संघ के बारे में राजा साहब ने कहा था कि "संसार संघ का विचार ब्रज क्षेत्र में जन्मा, ईरान की राजधानी तेहरान में विचार ने मूर्त रूप लिया"। मास्को में राजा साहब ने बर्लिन से लिखित रूप में इसे प्रसारित किया। राजा साहब ने आगे कहा, "मैं एक ऐसा स्वतंत्र और भाग्यशाली हूं कि खुद फैसला करने वाला आर्यन् देश चाहता हूं जिसमें हिंदू, मुस्लिम, ईसाई सभी एक साथ रहें।" विश्व की एक राजधानी हो और एक सरकार। सारी दुनिया को राज्यों में जाना जाए। सम्पूर्ण एशिया एक आर्यन् राज्य होगा जिसमें भारत, चीन, तिब्बत, मंगोलिया, ईरान, इराक, अफगानिस्तान आदि समस्त देश आर्यन् होंगे।

राजा साहब आगे लिखते हैं कि "गांधी और उनके पिछलग्गुओं ने इस सशस्त्र क्रांति का विरोध कर अंग्रेजों के साथ दिया है"। राजा साहब एवं राजा मनीष अगस्त 1945 की बम्ब घटना ने युद्ध का पलट दिया और राजा साहब को अमेरिका ने जापान के समर्थक मानकर सुगानो जेल में डाल दिया।

उनकी पुत्री 'भक्ति' ने सारा जीवन विवाह नहीं किया क्योंकि विवाह की योग्यता के समय राजा विदेश में रह कर स्वतंत्रता को संघर्ष कर रहे थे और भक्ति देवी ने प्रण रख दिया था कि "जब तक लौटूंगी मैं विवाह नहीं करूंगी"। 14 फरवरी 1946 को अमेरिका ने राजा साहब को सुगानो जेल से रिहा कर दिया। लगभग 32 वर्ष बाद आर्यन पेशवा ने भारत भूमि पर पग रखा, तब तक भक्ति देवी की आयु विवाह की योग्यता से निकल गई थी। यह एक नारी राष्ट्र की स्वतंत्रता के कारण कितना बड़ा बदलाव था ऐसी मिसालें भारत में ही नहीं विश्व में भी हावी नहीं होती। 9 अगस्त 1946 को भारत में लगभग 32 वर्ष के विस्फोट के बाद वृंदावन तक पहुँच कर अपने पहले भाषण में कहा था "जब एक भारतीय अग्नि इंग्लैंड में जाकर भरी सभा में जनरल डायर को सरेआम गोलियों से भून सकती है तो यहाँ अंग्रेज कैसे राज कर सकते हैं" । 21 घंटे में दीनबंधु सर छोटूराम की चेतावनी से जिन्ना पंजाब से भाग सकता है तो मुस्लिम लीग पाकिस्तान कैसे बन सकता है। मैं ब्रिटिश सेना के सैनिकों से कहता हूं कि ब्रिटिश साम्राज्य का हुकुम ना माने, ब्रिटिश साम्राज्य का अंत निकट है। गोरी चमड़ी वाले अंग्रेजों को जाना ही होगा। उन्हें याद रखना चाहिए कि उनका सामना मुरसान नरेश महेंद्र प्रताप से है, उसके आधार चित्र चले जाने में संतुलित है।" उन्होंने कहा कि वे

दिल्ली पकड़ो आगे बढ़ो। स्वतंत्रता हमारा जन्मसिद्ध अधिकार है।

1957 में मुरसान नरेश राजा महेन्द्र प्रताप ने मथुरा से राष्ट्रीय चुनाव लड़ा। पूर्व प्रधानमंत्री अटल बिहारी एवं कांग्रेस के दिग्गज जाट नेता दिगंबर सिंह को चुनाव में ऐसी पटखनी दी गई कि अटल बिहारी वाजपेयी की जमानत भी सुरक्षित हो गई। उनकी दिल्ली पकड़ो का सपना पूरा हुआ।

आर्यन पेशवा महेंद्र प्रताप की भारतीय स्वतंत्रता आंदोलन में कितनी महत्वपूर्ण भूमिका है, यह तो पाठक एवं सुधी श्रोता ही निर्णय लेंगे। लेकिन गोरों को तो छोड़ो, सत्ता की मलाई खाने वालों में ऐसे अनेक महामहिमों की आज भी अनदेखी हो रही है। वर्तमान सृष्टि में सबसे अज्ञातवास राजा साहब का रहा है। संसार का प्रथम राजा जिसने अपनी सम्पूर्ण संपत्ति तकनीकी शिक्षा प्रेम महाविद्यालय को दान में दे दिया। यह सब आर्य संस्कृति से प्रभावित होकर किया गया है। वे हिन्दुओं के स्थान पर आर्यन् राष्ट्र का स्वप्न साकार करना चाहते थे। ऐसे क्रांतिकारी आर्यन पेशवा राजा महेंद्र प्रताप 25 अप्रैल 1989 को स्वर्ग यात्रा को प्रस्थान कर राष्ट्र भावना की प्रेरणा के अद्भुत देवदूत बन गए थे।

विशेष प्रसंग

1. देश के बंटवारे पर राजा साहब ने महात्मा गांधी को खूब सुनाया। दो ब्रिटिश अधिकारी विल जॉनसन एवं कायल जॉनसन लिखते हैं कि राजा साहब देश के बंटवारे के कट्टर विरोधी थे। वे कहते थे कि इन नेताओं का कुछ नहीं बिगड़ेगा, नागरिकों का खून बहेगा और सीमा पर लाशें गिरती रहेंगी। गांधीजी को डर था कि राजा साहब कहीं भी अस्थाई हिन्द सरकार को अस्थाई हिन्द सरकार में न बदल दें। एशिया के अनेक देश के राजाओं को सरकार बनाने की स्वीकृति दे सकते हैं ऐसे में मेरी प्रधानमंत्री की कुर्सी खिसकने में देर नहीं लगेगी।

2. देश स्वतंत्र होने के बाद राष्ट्रपति एवं प्रधानमंत्री ने कराची में एक विशाल भोज का आयोजन किया। इसमें राजा साहब को आमंत्रित किया गया। भोजपुरी में एक मुस्लिम मंत्री ने कहा कि राजा साहब आप तो पाकिस्तान को मिटाना चाहते थे। इससे पहले राजा साहब कुछ कहते हैं कि वहां के प्रधानमंत्री लियाकत खां बोल उठती हैं कि "राजा साहब तो हिंदुस्तान को भी मिटाने की बात करते हैं, वे तो आर्यन देश बनाना चाहते हैं।" भई हम तो उनकी योजना पर खुश हैं। राजा साहब को मना लें, मैं आपकी योजना पर हस्ताक्षर करूँ"। राजा साहब ने दोनों देशों को एक करने की सलाह दी तो राजा साहब ने कहा कि राजा साहब जैसे तैसे इनसे पीछा छूटा है तो फिर से मत मिलाओ। इस पर राजा साहब ने स्पष्ट कहा कि "आपकी हठधर्मी भविष्य में खतरनाक सिद्ध होगी।" जब तक पाकिस्तान है तब तक सच्ची होती रहेगी।" स्वतंत्रता आंदोलन के समस्त प्रथम पंक्ति के नेताओं की गांधी एवं गांव के सामने इतनी सारी बाधाएं थीं कि सब तमाशबीन बन गए थे। चिंतन करने का विषय है कि आर्यन् पेशवा ने आर्यन् राष्ट्र की बात सोच समझ कर रखी थी कि विश्व का मुसलमान अपने को हिन्दू ना मानकर आर्यन् होने में अपना स्वाभिमान पाता है। क्योंकि उनके शब्दकोश में हिन्दू का अर्थ काफिर, चोर, लुटेरा है और आर्य ही श्रेष्ठ है। वर्तमान नेताओं को चिंतन करने

का शुभावसर है कि राजा महेन्द्र प्रताप का विचार समस्त भूमंडल को प्रेरणास्पद है। आदि ऋषि ब्रह्मा से लेकर गौतम, कपिल, कणाद, भृगु, श्रीराम, योगीराज कृष्ण, मदालसा, मैत्रेयी, गार्गी, अपाला, घोषा, सीता, सावित्री, अनुसूया, महर्षि वेदव्यास, जैमिनी पर्यंत सभी ने आर्य संस्कृति का निर्माण किया है। महर्षि दयानंद सरस्वती ने अपने कालजयी ग्रंथ "सत्यार्थ प्रकाश" में भी उद्धृत किया है।

"राष्ट्रपिता कौन महात्मा गांधी या राजा महेंद्र प्रताप" पुस्तक एवं उनके भाषण के अंश"

संयोजकः गजेन्द्र सिंह आर्य, राष्ट्रीय वैदिक प्रवक्ता, जलालपुर (अनूपशहर), बुलंदशहर , उत्तर प्रदेश – 203390 +91-9783897511

संदर्भ भारत ब्यूरो

शायद कम लोग ही जानते होंगे कि आजादी से पहले ही भारत की अंतरिम सरकार का गठन कर दिया गया था। यह काम जाटों में शौर्य के प्रतीक राजा महेंद्र प्रताप सिंह ने अफगानिस्तान में कर आजादी के दीवानों का हौसला बढ़ाया था। उन्होंने करीब ढाई साल वहां से अंतरिम सरकार चला अंग्रेजों को चुनौती दी।

12

मौलाना बरकतुल्लाह (भोपाल)

मौलाना बरकतुल्लाह (भोपाल)

मौलवी अब्दुल हाफिज मोहम्मद बरकतुल्लाह या मौलाना बरकतुल्लाह (7 जुलाई 1854 - 20 सितंबर 1927) पैन-इस्लामी आंदोलन के प्रति सहानुभूति रखने वाले कट्टर ब्रिटिश विरोधी भारतीय क्रांतिकारी थे। बरकतुल्लाह का जन्म 7 जुलाई 1854 को भारत के मध्य प्रदेश में इतवारा मोहल्ला भोपाल में हुआ था। बरकतुल्लाह भारत की स्वतंत्रता के लिए उग्र भाषणों और प्रमुख समाचार पत्रों में क्रांतिकारी लेखन के साथ भारत के बाहर से लड़े। विपरीत परिस्थितियों और निराशा के बावजूद भी, बरकतुल्लाह योग्यता और कड़ी मेहनत के बल पर जीवन के एक से अधिक क्षेत्रों में श्रेष्ठता की स्थिति तक पहुंचे। वह भारत को आजाद देखने के लिए जिंदा नहीं रहे लेकिन उनके योगदान ने आजादी को और करीब ला दिया।

प्रारंभिक जीवन

उन्होंने प्राथमिक से कॉलेज स्तर तक की शिक्षा भोपाल में प्राप्त की थी। बाद में वे अपनी उच्च शिक्षा के लिए बंबई और लंदन गए। वह एक मेधावी विद्वान थे और उन्होंने सात भाषाओं में महारत हासिल की: अरबी, फारसी, उर्दू, तुर्की, अंग्रेजी, जर्मन और जापानी। बल्कि उदासीन परिस्थितियों में माता-पिता से जन्मे उसके पास स्कूल और कॉलेजों में उसकी मदद करने के लिए अपनी प्रतिभा और उद्देश्य की दृढ़ता के अलावा कुछ नहीं था। फिर भी, उन्होंने भारत और इंग्लैंड दोनों में अधिकांश परीक्षाओं में सफल उम्मीदवारों की सूची में शीर्ष स्थान हासिल किया। वह टोक्यो विश्वविद्यालय जापान में उर्दू के क्वॉन्डम प्रोफेसर बने।

मुंशी शेख कदरतुल्ला के पुत्र, भोपाल राज्य की सेवा में कार्यरत, बरकतुल्लाह ने बारह वर्ष की आयु में अपने पिता को खो दिया। बरकतुल्लाह "एक बहुत ही चतुर युवक था, (जिसने) 1883 के आसपास घर छोड़ दिया था और खंडवा और बाद में बॉम्बे में एक ट्यूटर

के रूप में कार्यरत था," जैसी केर कहते हैं। 1887 में वे खुद जर्मन, फ्रेंच और जापानी सीखते हुए अरबी, फ़ारसी और उर्दू में निजी पाठ देते हुए लंदन आए। उन्हें लिवरपूल मुस्लिम संस्थान में काम करने के लिए ब्रिटिश कन्वर्ट अब्दुल्ला क्विलियम द्वारा आमंत्रित किया गया था। वहाँ रहते हुए उनकी मुलाकात काबुल के सरदार नसरुल्लाह खान से हुई, जो अमीर के भाई थे। उन्होंने कथित तौर पर 1896 से 1898 तक कराची में अमीर के एजेंट को एक साप्ताहिक समाचार-पत्र जारी करते हुए अमीर को भारत में अंग्रेजी मामलों के बारे में सूचित किया। वह 1899 में यूएसए के लिए रवाना हुए।

क्रांति की नीति

इंग्लैंड में रहते हुए वे लाला हरदयाल और हाथरस के राजा के पुत्र राजा महेंद्र प्रताप के निकट संपर्क में आए। वह अफगानी अमीर का मित्र बन गया और काबुल समाचार पत्र सिरेजुल-उल-अकबर का संपादक बन गया। वह 1913 में सैन फ्रांसिस्को में "ग़दर" (विद्रोह) पार्टी के संस्थापकों में से एक थे। बाद में वे 1 दिसंबर 1915 को काबुल में राजा महेंद्र प्रताप के अध्यक्ष के रूप में स्थापित भारत की अनंतिम सरकार के पहले प्रधान मंत्री बने। प्रो बरकतुल्लाह राजनीतिक रूप से भारतीय समुदाय को जगाने और उन देशों में उस समय के प्रसिद्ध नेताओं से भारत की स्वतंत्रता के लिए समर्थन लेने के मिशन के साथ दुनिया के कई देशों में गए। उनमें से प्रमुख थे कैसर विल्हेम II, अमीर हबीबुल्ला खान, मोहम्मद रेशेड, गाजी पाशा, लेनिन, हिटलर।

इंग्लैंड में, 1897 में, बरकतुल्लाह को मुस्लिम पैट्रियोटिक लीग की बैठकों में भाग लेते देखा गया था। यहां उनकी मुलाकात श्यामजी कृष्णवर्मा के आसपास के अन्य क्रांतिकारी हमवतन से हुई। अमेरिका में लगभग एक साल बिताने के बाद, फरवरी 1904 में वे जापान के लिए रवाना हुए, जहाँ उन्हें टोक्यो विश्वविद्यालय में हिन्दुस्तानी का प्रोफेसर नियुक्त किया गया। 1906 की शरद ऋतु में, न्यूयॉर्क शहर में 1 वेस्ट 34 स्ट्रीट पर, बरकातुल्लाह और स्वर्गीय रेवरेंड लुकास मालोबा जोशी के बेटे सैमुअल लुकास जोशी, एक मराठा ईसाई द्वारा एक पैन-आर्यन एसोसिएशन का गठन किया गया था; इसे क्लैन-ना-गेल के आयरिश क्रांतिकारियों, ब्रिटिश-विरोधी वकील मायरोन एच. फेल्प्स और समान रूप से ब्रिटिश-विरोधी स्वामी अभेदानंद का समर्थन प्राप्त था, जिन्होंने स्वामी विवेकानंद के काम को जारी रखा। 21 अक्टूबर 1906 को, न्यूयॉर्क में आयोजित यूनाइटेड आयरिश लीग की एक बैठक में, बरकतुल्लाह ने मिस्टर ओ'कॉनर से पूछा, आयरिश संसदीय दल के प्रतिनिधि चाहे, "भारत में इंग्लैंड के दमनकारी और अत्याचारी शासन के खिलाफ भारतीय लोगों के उठने की स्थिति में, और अगर इंग्लैंड को आयरलैंड को होम रूल देना चाहिए," ओ'कॉनर "के पक्ष में होगा भारतीय लोगों को कुचलने के लिए आयरिश लोग ब्रिटिश सेना को सैनिकों को प्रस्तुत करते हैं। कोई उत्तर दर्ज नहीं है। में एक रिपोर्ट के अनुसारगेलिक अमेरिकन , जून 1907 में, न्यूयॉर्क में आयोजित भारतीयों की एक बैठक में, "भारतीय लोगों के भविष्य को

निर्धारित करने के लिए किसी भी विदेशी (श्री मॉर्ले) के अधिकार को अस्वीकार करते हुए, अपने देशवासियों से अकेले और विशेष रूप से खुद पर निर्भर रहने का आग्रह करते हुए" प्रस्ताव पारित किया। बहिष्कार और स्वदेशी पर, लाजपत राय और अजीत सिंह के निर्वासन की निंदा, और जमालपुर और अन्य स्थानों पर खुले तौर पर भारतीयों के एक वर्ग को दूसरे के खिलाफ भड़काने में ब्रिटिश अधिकारियों की कार्रवाई के प्रति घृणा व्यक्त करते हैं

अगस्त 1907, न्यूयॉर्क सनबरकतुल्लाह का पत्र प्रकाशित किया जिसमें कहा गया था कि कैसे अंग्रेज घबरा रहे थे "क्योंकि हिंदू और मुसलमान एक साथ आ रहे हैं और राष्ट्रवाद की सफलता निकट है।" फारसी में उनका पत्र अधिक जोरदार था, जो मई 1907 में यूपी के अलीगढ़ के उर्दू मुअल्ला में छपा था, जिसमें बरकतुल्लाह ने हिंदुओं और मुसलमानों के बीच एकता की आवश्यकता की पुरजोर वकालत की और मुसलमानों के दो मुख्य कर्तव्यों को देशभक्ति और दोस्ती के रूप में परिभाषित किया । भारत के बाहर सभी मुसलमान। यह भविष्यवाणी तर्क जर्मनी और आने वाले युद्ध के चार साल पहले प्रकाशित हुआ था, बर्नहार्डी द्वारा, इंग्लैंड को बंगाल में हिंदू और मुस्लिम चरमपंथियों की एकता द्वारा प्रस्तुत अत्यधिक खतरे के बारे में जागरूक होने की चेतावनी दी गई, जैसा कि रोलेट आयोग (अध्याय VII) द्वारा रिपोर्ट किया गया था। उन्होंने सोचा कि इन दोनों कर्तव्यों का प्रदर्शन पूरी तरह से आचरण के एक नियम पर निर्भर करता है, अर्थात् सभी राजनीतिक मामलों में भारत के हिंदुओं के साथ सद्भाव और एकता। (केर, पृ.226)। अक्टूबर 1907 में, मैडम कामा न्यूयॉर्क पहुंचीं और पत्रकारों से घोषणा की: "हम गुलामी में हैं, और मैं अमेरिका में ब्रिटिश उत्पीड़न (...) का पूरी तरह से पर्दाफाश करने और वहां के सौहार्दपूर्ण नागरिकों को रुचि देने के एकमात्र उद्देश्य के लिए हूं। यह महान गणतंत्र हमारे मताधिकार में है।" 16 अगस्त 1908 को विवेकानंद के गर्म खून वाले भाई भूपेंद्र नाथ दत्त कोलकाता से पहुंचे। गेलिक अमेरिकन से फ्री हिंदुस्तान को संपादित करने के लिए जॉर्ज फ्रीमैन द्वारा आमंत्रित किया गयासमाचार पत्र कार्यालय, तारकनाथ दास अपने पुराने सहयोगी दत्ता के साथ जुड़ने के लिए न्यूयॉर्क गए। मार्च 1909 में बरकतुल्लाह फिर से जापान के लिए रवाना हुए।

जापान में गतिविधियाँ

1910 की शुरुआत में, उन्होंने टोक्यो में इस्लामिक बिरादरी की शुरुआत की।

जून-जुलाई 1911 में वह कांस्टेंटिनोपल और पेत्रोग्राद के लिए रवाना हुए, अक्टूबर में टोक्यो लौट आए और अफगानिस्तान सहित एक महान पैन-इस्लामिक एलायंस के आगमन का जिक्र करते हुए एक लेख प्रकाशित किया, जिससे उन्हें "मध्य एशिया का भविष्य जापान" बनने की उम्मीद थी। दिसंबर में उन्होंने तीन जापानी लोगों को इस्लाम में परिवर्तित किया: उनके सहायक हसन यू. हटानाओ, उनकी पत्नी और उनके पिता, बैरन केंटारो हिकी। इसे जापान में इस्लाम में पहला रूपांतरण कहा जाता है। 1912 में, बरकतुल्लाह "अंग्रेजी भाषा के उपयोग में एक बार और अधिक धाराप्रवाह और अपने स्वर

में अधिक ब्रिटिश विरोधी हो गए," केर (पृ.133) का अवलोकन करता है। अपने पेपर में "इस्लाम के खिलाफ ईसाई गठबंधन" पर चर्चा करते हुए, बरकतुल्लाह ने जर्मनी के सम्राट विलियम को वास्तव में एक व्यक्ति के रूप में चुना "जो दुनिया की शांति के साथ-साथ युद्ध को भी अपने हाथ में रखता है: यह का कर्तव्य है मुसलमानों को एक होना है, खलीफा द्वारा खड़े होने के लिए; उनके जीवन और संपत्ति के साथ, और जर्मनी के साथ। एक रोमन कवि का हवाला देते हुए बरकतुल्लाह ने याद दिलाया कि एंग्लो-सैक्सन समुद्री भेड़िये थे, जो दुनिया की लूट पर जी रहे थे। आधुनिक समय में अंतर जोड़ा गया था "पाखंड का शोधन जो क्रूरता की धार को तेज करता है।" 6 जुलाई 1912 को, जापान सरकार द्वारा इसे दबाने से पहले, भारत में कागज का प्रवेश प्रतिबंधित कर दिया गया था। इस बीच सितंबर से दूसरे पेपर की कॉपियां मंगाई गईं जापानी सरकार द्वारा इसे दबाने से पहले। इस बीच सितंबर से दूसरे पेपर की कॉपियां मंगाई गईं जापानी सरकार द्वारा इसे दबाने से पहले। इस बीच सितंबर से दूसरे पेपर की कॉपियां मंगाई गईंबरकतुल्लाह के राजनीतिक प्रचार को जारी रखते हुए एल इस्लाम भारत में दिखाई दिया। 22 मार्च 1913 को भारत में इसके आयात पर प्रतिबंध लगा दिया गया था। जून 1913 में, भारत में एक लिथोग्राफ वाले उर्दू पैम्फलेट, "द सोर्ड इज द लास्ट रिजॉर्ट" की प्रतियां प्राप्त हुईं। 31 मार्च 1914 को जापानी अधिकारियों द्वारा बरकतुल्लाह की शिक्षण नियुक्ति को समाप्त कर दिया गया था। इसके बाद इसी तरह का एक और पत्रक आया, फिरंगी का फरेब ("द डिसीट ऑफ द इंग्लिश"): केर (पृष्ठ 135) के अनुसार, "यह हिंसा में बरकतुल्लाह की पिछली प्रस्तुतियों से आगे निकल गया, और गदर के प्रकाशनों की शैली पर अधिक आधारित था। सैन फ्रांसिस्को की पार्टी जिसके साथ अब बरकतुल्लाह ने अपना बहुत कुछ झोंक दिया।

गदर प्रकरण

मुख्य लेख: हिंदू जर्मन षड्यंत्र

मई 1913 में, जीडी कुमार सैन फ्रांसिस्को से फिलीपीन द्वीप के लिए रवाना हुए थे और मनीला से तारकनाथ दास को लिखा था: "मैं मनीला (पीआई) फॉरवर्डिंग डिपो में आधार स्थापित करने जा रहा हूं, चीन, हांगकांग, शंघाई के पास काम की निगरानी करूंगा। प्रोफ़ेसर बरकतुल्लाह जापान में बिलकुल ठीक हैं।" (केर, पृ.237)। 22 मई 1914 को, बरकतुल्लाह हांगकांग में सिख मंदिर के ग्रंथी (पुजारी) भगवान सिंह उर्फ नाथ सिंह के साथ सैन फ्रांसिस्को लौट आए और युगांतर आश्रम में शामिल हो गए और तारकनाथ दास के साथ काम किया। अगस्त 1914 में युद्ध छिड़ने के साथ, एशिया से कैलिफोर्निया और ओरेगन में भारतीय आबादी के सभी प्रमुख केंद्रों पर बैठकें आयोजित की गईं और भारत वापस जाने और विद्रोह में शामिल होने के लिए धन जुटाया गया: बरकतुल्लाह, भगवान सिंह और रामचंद्र भारद्वाज थे। वक्ताओं के बीच। (पोर्टलैंड (ओरेगन) टेलीग्राम , 7 अगस्त 1914; फ्रेस्नो रिपब्लिकन , 23 सितंबर 1914)। समय पर बर्लिन पहुंचने पर, बरकतुल्लाह चट्टो या वीरेंद्रनाथ चट्टोपाध्याय से मिले और काबुल के मिशन में राजा महेंद्र प्रताप का

पक्ष लिया। जर्मनी द्वारा पकड़े गए युद्ध के भारतीय कैदियों को ब्रिटिश विरोधी भावनाओं के साथ प्रेरित करने में उनकी भूमिका महत्वपूर्ण थी। वे 24 अगस्त 1915 को हेरात पहुंचे और राज्यपाल द्वारा उनका शाही स्वागत किया गया।

आज़ाद भारत सरकार

मुख्य लेख: अनंतिम भारत सरकार

1 दिसंबर 1915 को, प्रताप के 28वें जन्मदिन पर, उन्होंने प्रथम विश्व युद्ध के दौरान अफगानिस्तान के काबुल में भारत की पहली अनंतिम सरकार की स्थापना की। यह स्वतंत्र हिन्दुस्तान की निर्वासित सरकार थी, जिसके अध्यक्ष राजा महेन्द्र प्रताप थे, मौलाना बरकतुल्लाह, प्रधान मंत्री, मौलाना उबैदुल्लाह सिंधी, गृह मंत्री। ब्रिटिश विरोधी ताकतों ने उनके आंदोलन का समर्थन किया। लेकिन, अंग्रेजों के प्रति कुछ स्पष्ट वफादारी के लिए, अमीर अभियान में देरी करता रहा। फिर उन्होंने विदेशी शक्तियों के साथ संबंध स्थापित करने का प्रयास किया।" (केर, पृ.305)। काबुल में सिराज-उल-अखबार4 मई 1916 के अपने अंक में राजा महेंद्र प्रताप के मिशन और उसके उद्देश्य के संस्करण को प्रकाशित किया। उन्होंने उल्लेख किया: "...हिज इंपीरियल मेजेस्टी द कैसर ने खुद मुझे एक दर्शक दिया। इसके बाद, इंपीरियल जर्मन सरकार के साथ भारत और एशिया की समस्या को ठीक करने और आवश्यक प्रमाण-पत्र प्राप्त करने के बाद, मैंने पूर्व की ओर प्रस्थान किया। मैंने मिस्र के खेडिव और तुर्की के राजकुमारों और मंत्रियों के साथ-साथ प्रसिद्ध एनवर पाशा और उनके शाही महामहिम पवित्र खलीफ, सुल्तान-उल-मुअज़्ज़म के साथ साक्षात्कार किया था। मैंने इंपीरियल तुर्क सरकार के साथ भारत और पूर्व की समस्या को सुलझाया, और उनसे आवश्यक प्रमाण-पत्र भी प्राप्त किए। जर्मन और तुर्क अधिकारी और मौलवी बरकतुल्लाह साहब मेरे साथ मेरी सहायता के लिए गए थे; वे अब भी मेरे साथ हैं।" राजा महेंद्र प्रताप को गम्भीरता से लेने में असमर्थ,एक आत्मकथा : "वह मध्ययुगीन रोमांस से बाहर एक चरित्र प्रतीत होता है, एक डॉन क्विक्सोट जो बीसवीं शताब्दी में भटक गया था।" (पृ.151) अंग्रेजों के दबाव में, अफगान सरकार ने अपनी मदद वापस ले ली। मिशन बंद कर दिया गया था।

मास्को अनुभव

बरकतुल्लाह जर्मनी लौटे, नया इस्लाम संपादित और प्रकाशित किया. कुछ समय के लिए वह जर्मन जनरल स्टाफ से जुड़े रहे। 18 अप्रैल 1919 को, उन्होंने स्विट्जरलैंड में पॉल केसलरिंग को लिखा: "अब चार साल हो गए हैं जब मैंने तुम्हें आखिरी बार देखा था। मैं अफगानिस्तान में राज्य के अतिथि के रूप में साढ़े तीन साल रहा। सभ्य संसार से कटे होने के कारण मुझे महायुद्ध का समाचार बहुत देर से मिलता था। अफ़ग़ान सरकार ने मुझे और मेरे साथियों को आरामदेह बनाने के लिए हर मुमकिन कोशिश की। उस देश में रहने के दौरान हमारे पास सभी प्रकार की विलासिता की चीजें उपलब्ध थीं। हाल ही में मैंने बोखारा, समरकंद और ताशकंद (सिक!) देखा, - ऐतिहासिक संघों से समृद्ध क्षेत्र। / मुझे ताशकंद से

मास्को (एसआईसी!) पहुंचने के लिए ट्रेन से 22 दिन लगे। मुझे बहुत पहले ताशकंद वापस जाने की उम्मीद है। रूस और स्विट्जरलेंड के बीच डाक संचार स्थापित होते ही मुझे आपके स्वास्थ्य, सुख और समृद्धि के बारे में सुनना बहुत अच्छा लगेगा।

मार्च-मई 1921 में, वे चैटो के साथ भारतीय क्रांतिकारियों के एक प्रतिनिधिमंडल में मास्को गए; एग्नेस समेडली, भूपेंद्रनाथ दत्ता, पांडुरंग खानखोजे, बिरेन दासगुप्ता, अब्दुल हफीज, अब्दुल वाहिद, हेराम्बालाल गुप्ता और नलिनी दासगुप्ता अन्य प्रतिनिधियों में शामिल थे। एमएन रॉय के खिलाफ स्मडली की दुश्मनी, जो उनके पहले थे और पहले ही लेनिन से जनादेश हासिल कर चुके थे, प्रतिनिधिमंडल ने रॉय के साथ सहयोग नहीं किया। इसलिए, कॉमिन्टर्न के एक आयोग ने अपनी सिफारिश करने से पहले दोनों गुटों के बीच मतभेदों की जांच की। आयोग माइकल बोरोडिन, अगस्त थालहाइमर (जर्मन कम्युनिस्ट पार्टी के नेता और सिद्धांतकार), एसजे रटगर्स (हॉलैंड), मटियास राकोसी (हंगरी), टॉम क्वेल्च और जेम्स बेल (ग्रेट ब्रिटेन) से बना था: सिबनारायण रे के अनुसार, बाद में तीन दिन बैठे, उन्होंने बर्लिन समिति को एक मान्यता प्राप्त समूह का दर्जा देने से इनकार कर दिया; थालहाइमर ने इस बैच की तुलना "उन्नीसवीं सदी के जर्मनी के बुर्जुआ लोकतंत्रवादियों से की जो खुद को सामाजिक लोकतंत्र के रूप में पेश करते थे।"

पिछले साल का

दिसंबर 1921 में, जब चैटो ने बर्लिन में एक भारतीय समाचार और सूचना ब्यूरो शुरू किया, दत्ता ने अपने पुराने मित्र के नेतृत्व को स्वीकार करने से इनकार कर दिया और बरकतुल्लाह के अध्यक्ष के रूप में इंडिया इंडिपेंडेंस पार्टी नामक एक प्रतिद्वंद्वी निकाय का गठन किया। यह मास्को द्वारा वित्तपोषित होने का प्रबंधन करता था। सर सेसिल काये के अनुसार, बराकतुल्लाह की स्थापना के लिए यह समर्थन सोवियत कमिसार फॉर फॉरेन अफेयर्स कमिश्रिएट (नारकोमिंडेल) द्वारा प्रदान किया गया था, जिसकी अध्यक्षता चिचेरिन कर रहे थे, जिन्होंने क्रांतिकारी राष्ट्रवादियों के गैर-कम्युनिस्ट समूह को एक ही समय में खेती करना उचित समझा। (काये, पृ.56-57)। सामाजिक-राजनीतिक इतिहास के रूसी राज्य अभिलेखागार , मास्को (आरजीएएसपी) से पता चला है कि मौलानाबराकतुल्लाह ने कॉमिन्टर्न को जवाहरलाल नेहरू के माध्यम से कॉमिन्टर्न और भारतीय राष्ट्रीय क्रांतिकारियों के बीच सहयोग के लिए एक गुप्त योजना की रूपरेखा के दो दस्तावेज भेजे। वे साम्राज्यवाद-विरोधी संघर्ष के उद्देश्य को नुकसान पहुँचाने वाली कुछ युक्तियों में सुधार चाहते थे। कॉमिन्टर्न को पहला पत्र 6 मई 1926 को बर्लिन से लिखा गया था: "हाल ही में मैंने प्रसिद्ध भारतीय क्रांतिकारी, जवाहर (sic!) लाल नेहरू को स्विटजरलैंड में देखा, जिन्हें विशेष रूप से भारत से मुझे क्रम में भेजा गया है। मुझे भारत में कॉमिन्टर्न के प्रचार के उक्त संघ के इरादों के बिल्कुल विपरीत प्रभाव की व्याख्या करने के लिए, और मुझे भारतीय क्रांतिकारियों के दृष्टिकोण को कॉमिन्टर्न तक पहुँचाने के लिए कहने के लिए। यदि आवश्यक हो, श्री. नेहरू स्वयं बर्लिन आने और भारत में कॉमिन्टर्न के प्रचार की पूरी स्थिति

को आपको समझाने के लिए तैयार हैं। पुलिस द्वारा उजागर किया जा रहा है और सभी प्रकार की परेशानियों में डाला जा रहा है ... इसलिए, मैं प्रस्ताव करता हूं कि श्री नेहरू और श्री रॉय और अन्य सहित कॉमिन्टर्न के प्रतिनिधियों की भागीदारी के साथ बर्लिन में एक बैठक बुलाई जानी चाहिए। इस प्रचार में शामिल कामरेड। इस मामले में हम अपने आपसी दुश्मन को कुचलने का उचित तरीका खोजने में सक्षम होंगे, जो केवल तभी किया जा सकता है जब हम हाथ से हाथ मिला कर काम करें न कि एक दूसरे के खिलाफ। (आरजीएएसपी 495-68-186)। इसके बाद 2 फरवरी 1927 को बर्लिन में कॉमिन्टर्न के लिए बरकतुल्लाह का एक नोट आया। भारत के राष्ट्रवादी क्रांतिकारियों की गतिविधियों में कॉमिन्टर्न को अधिक निकटता से शामिल करके बेहतर संगठन और संचार चैनलों का सुझाव देना; यह जोड़ा गया: "एम। बरकतुल्लाह मौलवी और जवाहर लाल नेहरू गोपनीयता बनाए रखने के लिए कॉमिन्टर्न के प्रतिनिधियों के साथ व्यक्तिगत अनुबंध करने वाले एकमात्र भारतीय प्रतिनिधि होंगे। (आरजीएएसपी 495-68-207)।

इससे पहले जून 1926 में बरकतुल्लाह ने लाखा सिंह के साथ सिख कैदियों के परिवारों की मदद के लिए बीस हजार रुपये भारत भेजे थे। मई 1927 में, वह महेंद्र प्रताप के साथ संयुक्त राज्य अमेरिका में फिर से आए और, Smedley द्वारा प्रोत्साहित किया गया, उन्होंने बाघा जतिन के अनुयायी शैलेंद्र नाथ घोष से संपर्क किया। यूनाइटेड इंडिया लीग द्वारा आमंत्रित, वे जून में डेट्रायट गए। पं. जवाहरलाल नेहरू बर्लिन में और बाद में 1927 में ब्रुसेल्स सम्मेलन में प्रोफेसर बरकतुल्लाह से मिले और उनके क्रांतिकारी विचारों और कार्यों से अत्यधिक प्रभावित हुए। ब्रुसेल्स कांग्रेस के बाद, वह और राजा महेंद्र प्रताप अपने मिशन को आगे बढ़ाने के लिए अमरीका गए।

20 सितंबर 1927 को बरकतुल्लाह का सैन फ्रांसिस्को में निधन हो गया। उनके शरीर को सैन फ्रांसिस्को से सैक्रामेंटो ले जाया गया। फिर उनके ताबूत को मैरीविले ले जाया गया जहां उन्हें मुस्लिम कब्रिस्तान में इस वादे के साथ दफनाया गया कि उनके देश की आजादी के बाद उनके शरीर को उनकी अपनी मातृभूमि भोपाल स्थानांतरित कर दिया जाएगा। उनके अवशेष अभी भी कैलिफोर्निया के सैक्रामेंटो सिटी कब्रिस्तान में दफन हैं।

भविष्य की पीढ़ियों के युवाओं के बीच एक विद्वान विद्वान और मिट्टी के क्रांतिकारी बेटे के नाम को कायम रखने की दृष्टि से, भोपाल विश्वविद्यालय को मौलाना बरकतुल्लाह भोपाली के नाम पर 1988 में बरकतुल्लाह विश्वविद्यालय के रूप में फिर से शुरू किया गया था।

13

माय लाइफ स्टोरी सम्पादित (डॉक्टर वीर सिंह)

माय लाइफ स्टोरी सम्पादित (डॉक्टर वीर सिंह)

माय लाइफ स्टोरी सम्पादित (डॉक्टर वीर सिंह - निदेशक , अनुसंधान एवं प्रकाशन केंद्र सूरजमल मेमोरियल एजुकेशन सोसायटी नई दिल्ली) से संक्षिप्त विवरण –

1 दिसम्बर 1986 – राजा बहादुर घनश्याम सिंह मुरसान जिला अलीगढ़ (वर्तमान जिला हाथरस) उत्तर प्रदेश के तीन संताने दत्तप्रसाद सिंह, बलदेव सिंह और खड्गसिंह थी । तीसरे पुत्र खड्ग सिंह का जन्म 1 दिसम्बर 1986 को हुआ था । राजा हरनारायण सिंह हाथरस उत्तरप्रदेश ने खड्ग सिंह को गोद ले लिया था तब राजा हरनारायण सिंह ने खड्ग सिंह का नाम महेंद्र प्रताप सिंह रखा था । उस समय राजा हरनारायण सिंह वृंदावन जिला मथुरा में रहते थे ।

एक पंडित और एक मौलवी, हिन्दी और पर्शियन सिखाने के लिए रखे गए । एम ए ओ कॉलेज अलीगढ़ के बंगला में दो कमरे दिए गए थे जहां महेंद्र प्रताप सिंह एवं उनके 10 सेवक रहते थे । कक्षा 1 से कक्षा 3 तक वह एक बुद्धिमान विद्यार्थी रहे । कक्षा 5 में उनके अध्यापक निआज़ मोहम्मद ने डंडे से पिटाई की थी । आगे की कक्षाओं में वह गणित में अच्छे विद्यार्थी रहे परन्तु अंग्रेजी में कुछ कमजोर रहे ।

इनके पिताजी के मित्र सर सैय्यद अहमद खान का पौत्र रोस मसूद उनका अच्छा मित्र था । 1907 में स्नातक किए बिना कॉलेज छोड़ दिया ।

सन 1911 में डॉक्टर अंसारी के नेतृत्व में बाल्कन वॉर (तुर्की/टर्की) एम ए ओ कॉलेज के विद्यार्थियों के साथ गए ।

सन 1902 –शादी

राजा महेंद्र प्रताप सिंह की शादी राजकुमारी बलवीर कौर , छोटी बहन हिज हाईनेस महाराजा रनवीर सिंह जींद स्टेट पंजाब से हुई थी ।

भारत भ्रमण -

सन 1904, 1905, 1906 में महेन्द्र प्रताप ने कॉलेज छुट्टियों के दौरान तथा कॉलेज के बाद सन 1908, 1912, 1913 में भारत भ्रमण किया ।

विश्व भ्रमण 17 अगस्त से 17 सितम्बर 1907 में किया , उस समय महेन्द्र प्रताप नाव में भारतीय फिलोसफी (दर्शन शास्त्र) विषय पर अपना लेक्चर दे रहे थे , उस समय एक नौजवान कस्टम ऑफिसर ने उनसे कहा – लेकिन वह सभी दर्शन भारतीयों को गुलामी से नहीं बचा सके (But all that philosophy could not save Indian from slavery) । मैं एक वाद-विवाद करने वाला व्यक्ति हूं और उस समय मैं शांत रहा, लेकिन वह टिप्पणी इतने वर्षों तक मेरे साथ बनी रही।

भारत और विदेश में इन दौरों ने सामाजिक सुधार, स्वदेशी कार्यात्मक शिक्षा और धर्मों की एकता के बारे में उनके विचारों पर बहुत प्रभाव डाला।

राष्ट्र निर्माण के लिए शिक्षा एक महत्वपूर्ण विषय है यह विचार महेन्द्र प्रताप ने महसूस किया । तभी महेन्द्र प्रताप ने एक तकनीकी कॉलेज प्रेम महाविद्यालय अपने महल वृन्दावन में 24 मई 1909 को स्थापित किया । इसकी मदद के लिए उन्होंने अपनी जमींदारी के 5 गाँव (वागांव, बराल, सुखिया, अख्त्यारपुर , धमेड़ा जिला बुलंदशहर उत्तर प्रदेश) दान दिए । उन्होंने कला कुंज और हाथरस कुंज केसी घाट वृन्दावन कॉलेज को दान कर दिए । यहां तक कि अपनी रानी के लिए बना महल जो प्रेम महाविद्यालय के नजदीक था उसे भी बोर्डिंग हाउस के लिए दे दिया था । प्रेम महाविद्यालय में उस समय की महान हस्तियां- महात्मा गाँधी, पंडित जवाहरलाल नेहरू , रबिन्द्र नाथ टैगोर , मदन मोहन मालवीय , डॉक्टर संपूर्णानंद आदि ने भी भ्रमण किया और सभी महेंद्र प्रताप के इस कार्य से प्रभावित हुए ।

किसानों की मदद के लिए महेन्द्र प्रताप ने मिस्टर डेम्पीएर मजिस्ट्रेट जिला मथुरा को काफी धन राशि दान देकर कोआपरेटिव बैंक की स्थापना कराई थी ।

ग्रामीण क्षेत्र में जन जागृति के लिए उन्होंने गांव- गाँव उपदेशक भेजे ।

महेन्द्र प्रताप ने अपने तीन बागीचे आर्य समाज को गुरुकुल स्थापन हेतु वृन्दावन में दान कर दिए । उन्होंने धर्म समाज कॉलेज, वार्ष्णेय कॉलेज, टीकाराम गर्ल्स कॉलेज और कायस्थ पाठशाला के लिए अलीगढ़ भी भूमि उपलब्ध कराई । बनारस हिन्दू विश्वविद्यालय के लिए दान भी दिया तथा वह एग्जीक्यूटिव कमेटी के मेम्बर भी थे ।

प्रेम –

महेन्द्र प्रताप ने स्वयं के द्वारा प्रेम पेपर भी चलाया, तथा स्वयं की प्रेस सन 1911 में चलाई । दिनांक 8 अक्टूबर 1913 को प्रेम साप्ताहिक पेपर प्रकाशित हुआ ।

सन 1914 में देहरादून स्थित अपने मकान में एक सेंटर खोला तथा एक पुस्तकालय की स्थापना की ।

निर्बल सेवक –

देहरादून से निर्बल सेवक पेपर हिन्दी और उर्दू में प्रकाशित कराया, यह पेपर सामाजिक सुधार, एल्कोहल, जुआ आदि के विरुद्ध था ।

15 जनवरी 1920 से प्रेम साप्ताहिक पेपर प्रकाशित कराया जिसमें राजनैतिक वार्तालाप भी प्रकाशित होता था । मथुरा से सम्पादक रूद्र दत्त शर्मा, जगन प्रसाद गुप्ता, भगवान दास केला और देवकी नंदन विभव ख़ास थे । सरकार द्वारा प्रेम पेपर दो बार सन 1919 और 1921 में कुछ समय के लिए प्रतिबन्धित कर दिया गया था ।

सन 1912 राजा महेन्द्र प्रताप ने गोखले से महात्मा गाँधी के अफ्रीका अभियान में सम्मिलित होने को कहा , परन्तु गोखले ने उन्हें अफ्रीका जाने की सलाह नहीं दी , परन्तु दान स्वीकार कर लिया ।

राजा महेन्द्र प्रताप ने सन 1906 और 1910 में भारतीय राष्ट्रीय कांग्रेस अधिवेशन क्रमश: कलकत्ता और इलाहाबाद में भाग लिया था ।

सन 1914 में कमिश्नर आगरा ने प्रेम महाविद्यालय के छात्रों को पुरस्कार वितरित किए , उस समय राजा महेंद्र प्रताप ने अंग्रेज शासन के विरुद्ध अपने विचार रखे थे ।

दूसरे दिन कमिश्नर ने उन्हें मथुरा बुलाया और अंग्रेज शासन के विरुद्ध विचार धारा की शिकायत की और उसी समय मजिस्ट्रेट देहरादून ने भी निर्बल सेवक में जर्मन सार्थक विचारों के लिए आपत्ति दर्ज की , तब से उन्होंने जर्मनी जाने की योजना बनाई और यूरोप में वॉर सिचुएशन (युद्ध स्थिति) के अध्ययन के लिए पासपोर्ट के लिए आवेदन किया ।

20 दिसम्बर 1914 को 28 वर्ष की उम्र में अपनी पत्नि और बच्चों को छोड़कर भारत छोड़ दिया ।

वह बड़ी मुसीबत के साथ स्विट्ज़रलैंड गए , सरोजनी नायडू के भाई वीरेन्द्र चट्टोपाध्याय के साथ जिनेवा गए । 10 फरवरी 1915 को बर्लिन पहुंचे वहां उन्होंने अपना नाम मोहम्मद पीर रखा । वहां भारतीय वॉर प्रिजनर कैम्प में भारतीयों को उत्साहित किया । कैसर विल्हेल्म द्वितीय, शासक और कमांडर इन चीफ जर्मन से इम्पीरियल पैलेस टियर गर्ते में मुलाक़ात हुई । जर्मनी से विएना – बुडापेस्ट – बुल्गारिया और कांस्तास्तिन्पोले होते हुए टर्की की राजधानी इस्ताम्बुल पहुंचे और सुल्तान रिशाद से मुलाकात की ।

2 अक्टूबर 1915 को राजा महेन्द्र प्रताप काबुल अफगानिस्तान पहुँच गए ।

1 दिसम्बर 1915 को राजा महेन्द्र प्रताप ने अपने जन्मदिन पर भारत की अस्थायी सरकार मुख्यालय बाघ-ए-बाबुर काबुल अफगानिस्तान में स्थापित की । वह स्वयं उसके अध्यक्ष (प्रेसिडेंट) और मौलाना बरकतुल्ला खान भोपाल प्रधानमंत्री बनाया ।

राजा महेन्द्र प्रताप ने उबैदुल्ला सिन्धी देओबंद मुज़फ्फरनगर जिला उत्तर प्रदेश को गृह और प्रकाशन मंत्री, रहमत अली ज़ाकरिया प्रसारण मंत्री, बशीर अहमद वॉर मंत्री को नामांकित किया । बाद में चम्पक रमण पिल्लई को आतंरिक मामलों के मंत्री बर्लिन में बनाया ।

अफगानों की मदद से राजा महेंद्र प्रताप ने 12000 अफरीदियों की एक स्वतंत्र सेना खड़ी की। 'प्रोविजनल सरकार' द्वारा किया गया सबसे महत्वपूर्ण कूटनीतिक पैंतरेबाज़ी जर्मनी और तुर्की से लिखित समझौता प्राप्त करना था - कि उनके अन्य सहयोगियों, ऑस्ट्रो-हंगरी और बुल्गारिया के साथ-साथ भारतीय लोगों द्वारा ब्रिटिशों को निष्कासित करने के बाद, वे न केवल स्वयं को मान्यता देंगे भारतीयों द्वारा भारत सरकार को देश की वैध सरकार के रूप में स्वीकार किया गया, लेकिन युद्ध के बाद के शांति काल में इसे अन्य शक्तियों द्वारा भी अनुमोदित किया गया। भारत की 'प्रोविजनल सरकार' ने 1916 में अफगानिस्तान के अमीर के साथ एक संधि की।

अनंतिम सरकार ने भारतीय शासकों के लिए एक उद्घोषणा जारी की जिसे भारत भेजा गया और भारत में ब्रिटिश अधिकारियों द्वारा जब्त कर लिया गया। इसने भारत के योद्धाओं और वीर सपूतों से आगे बढ़ने और भारत को आज़ाद कराने में भारतीय क्रांतिकारियों की मदद करने की अपील भी की। यह सरकार विदेशों में ब्रिटिश विरोधी वातावरण बनाने तथा विदेशी सरकारों को भारत के पक्ष में करने में सफल रही। 'भारत की अस्थायी सरकार' ने न केवल भारत बल्कि पूरे विश्व में स्वतंत्रता का ठोस संदेश भेजा। इस प्रकार राजा महेंद्र प्रताप ने उस समय पूर्ण स्वतंत्रता के लिए संघर्ष जारी रखा जब भारत में राष्ट्रीय आंदोलन के नेता ब्रिटिश शासकों से छोटे संवैधानिक सुधारों की मांग कर रहे थे।

3 मई, 1919 को ब्रिटिश-भारत और अफगानिस्तान के बीच तीसरे अफगान युद्ध की शुरुआत ने अनंतिम सरकार को रोमांचित कर दिया। इसने तुरंत एक उद्घोषणा जारी की जिसमें घोषणा की गई कि अनंतिम सरकार ने अफगानिस्तान की हमलावर सेनाओं के साथ एक समझौता किया है और भारतीय लोगों से कहा है कि वे उनके खिलाफ लड़कर उनके हितों को नष्ट न करें। अफ़ग़ानों ने सीमा पर ब्रिटिश चौकियों और उनकी छावनियों पर हमला कर दिया। इस सफल हमले ने कुछ ही दिनों में अंग्रेजों को शिमला में अपनी शर्तों पर अफगानों के साथ शांति संधि करने के लिए मजबूर कर दिया। लेकिन इस युद्धविराम ने भारतीय क्रांतिकारियों की जर्मनी और बाद में अफ़ग़ानिस्तान की मदद से भारत को आज़ाद कराने की उम्मीद पर पानी फेर दिया।

तब अनंतिम सरकार ने सहायता प्राप्त करने के लिए सोवियत रूस का रुख किया, राजा महेंद्र प्रताप ने मार्च 1918 में ट्रॉट्स्की से भी मुलाकात की। लेकिन उन्होंने अपनी सरकार के पहले प्रतिनिधि निकाय का नेतृत्व मास्को में किया और जुलाई 1919 में रूसी क्रांति के नेता लेनिन से मुलाकात की। प्रतिनिधिमंडल में बरकतुल्ला भी शामिल थे। अकबर रब, एम.पी.टी. आचार्य, दिलीप सिंह गिल, इब्राहिम लेनिन ने राजा महेंद्र प्रताप को भारत की जागृति का प्रतिनिधि, प्रेम के धर्म के मूल आदर्शवादी दर्शन वाला व्यक्ति और सोवियत रूस का एक ईमानदार मित्र भी माना। यद्यपि लेनिन ने भारतीय स्वतंत्रता के उद्देश्य का समर्थन किया और इसके लिए उनके प्रयासों की सराहना की, लेकिन अपने देश की पैन-इस्लामिक समस्या को हल करने में भागीदारी के कारण राजा महेंद्र प्रताप किसी ठोस

मदद के लिए प्रतिबद्ध नहीं हो सके । वर्ग संघर्ष पर लेनिन की सलाह को राजा महेंद्र प्रताप ने स्वीकार नहीं किया। लेकिन उनकी सोच में बाद में बदलाव तब देखा जा सकता है जब उनकी मास्को यात्रा के बाद काबुल से भारतीय लोगों से उनकी अपील में राजा महेंद्र प्रताप ने घोषणा की - किरायेदार या भूमि मजदूर ऐसी सभी भूमि के मालिक बन जाएंगे, जिस पर वे खेती करते हैं। प्रत्येक परिवार के पास एक स्थायी निवास होगा। फिर भी राजा महेंद्र प्रताप गैर-वर्गीय, मानवतावादी दृष्टिकोण वाले एक कट्टरपंथी राष्ट्रवादी बने रहे, जो ब्रिटिश साम्राज्यवाद को कमजोर करने के लिए सोवियत संघ के साथ सहयोग करने के लिए हमेशा तैयार रहे। लेनिन के साथ यह ऐतिहासिक मुलाकात भावी भारत-सोवियत मित्रता की आधारशिला थी।

रूस के विपरीत जहां उन्होंने शीर्ष नेताओं से मुलाकात की, केवल राजा महेंद्र प्रताप संयुक्त राज्य अमेरिका में 1922, 1925 और 1927 में भारतीय समुदाय के साथ-साथ अमेरिकी समाज में अपने विचारों को स्वतंत्र रूप से प्रचारित करने में अधिक सफल रहे। उन्होंने न्यूयॉर्क में उग्र नीग्रो नेता मार्कस गार्वे के साथ भरी बैठक में भी दो बार बात की। उन्होंने न केवल भारतीय समुदायों - हिंदू, सिख और मुसलमानों को एकजुट किया, बल्कि भारत की स्वतंत्रता के लिए चरमपंथी और उदार समूहों को भी एक साथ लाया। यू.एस.ए. में ग़दर पार्टी की प्रबंधन समिति ने उन्हें उनके तिब्बत मिशन के लिए 10,000 डॉलर और सात स्वयंसेवक दिए और यूरोप और एशिया में अन्य भारतीय क्रांतिकारियों को सहायता के रूप में 2000 डॉलर दिए।

राजा महेंद्र प्रताप ने अफगान पासपोर्ट पर दुनिया भर की यात्रा की। उन्होंने जर्मनी, स्विट्जरलैंड, इटली, तुर्की, अफगानिस्तान, रूस, अमेरिका, चीन और जापान जैसे कई राज्यों के प्रमुखों और प्रभावशाली लोगों के साथ बातचीत की। उन्होंने भारत की आजादी के लिए दुनिया भर के सभी भारतीय क्रांतिकारी समूहों को एकजुट किया। उन्होंने 1922 में जर्मनी के लीपज़िग में एक कार्यालय स्थापित किया, जहाँ से उन्होंने ब्रिटिश सरकार की बड़ी शर्मिंदगी के लिए बड़ी संख्या में पर्चे और प्रचार सामग्री प्रकाशित और वितरित की। उनके लेख भारत के प्रताप, जर्मींदारमिलाप, वंदेमातरम, स्वराज और अकाली समाचार पत्रों में भी छपते रहे। वह भारत में विदेशी शासन के लिए एक बड़ा माध्यम बन गया था। राजा महेंद्र प्रताप की प्रत्येक गतिविधि पर भारत की ब्रिटिश सरकार के गृह और खुफिया विभाग द्वारा बारीकी से नजर रखी जाती थी और रिपोर्ट की जाती थी। जर्मन पते वाले और राजा महेंद्र प्रताप के हस्ताक्षर वाले भारतीय राजाओं को संबोधित रेशम पत्र, देशद्रोही पत्र और साहित्य का पता चलने पर, भारत की ब्रिटिश सरकार ने उनके सिर पर इनाम घोषित किया, उनकी पूरी संपत्ति कुर्क कर ली और उन्हें भगोड़ा घोषित कर दिया। 1916, 1918 और अंततः 1923 में भारत की ब्रिटिश सरकार)। 1925 में उनकी पत्नी की भी मृत्यु हो गई। लेकिन भौतिकवादी बाधाओं से विचलित हुए बिना, शत्रुतापूर्ण ताकतों द्वारा उन पर थोपी गई प्रतिकूलताओं से निडर होकर और असफलताओं से विचलित हुए बिना, महेंद्र प्रताप ने

भारत की स्वतंत्रता के लिए लगातार अपना संघर्ष जारी रखा।

नवंबर 1922 में राजा महेंद्र प्रताप ब्रिटिश बंदरगाहों से बचने के लिए जर्मनी से फ्रांस होते हुए जापान जाना चाहते थे। पेरिस में फ्रांसीसी विदेश कार्यालय के एक अधिकारी ने उनसे पूछा, 'हमें राजनयिक वीजा प्राप्त करने में आपकी मदद क्यों करनी चाहिए, आप हमारे दुश्मनों के साथ थे।' राजा महेंद्र प्रताप ने उत्तर दिया क्यों, अगर वह ब्रिटिश साम्राज्य से लड़ेंगे तो मैं शैतान के साथ रहूंगा।

सुदूर पूर्व में उन्होंने एशिया की एकता के लिए एशियाई मुक्ति का विचार उठाया और एशिया समर्थक समूहों को संगठित करने का प्रयास किया। 1925 के वसंत में, ब्रिटिश सैनिक शंघाई, चीन में चीनी क्रांतिकारियों से भिड़ गए और उनमें से कई को मार डाला। वे वहां पहुंचे और 25 दिसंबर 1925 को सुन यात तिब्बत के साथ मिलकर सामूहिक बैठक में उत्पीड़न की निंदा की ताकि तिब्बत को उचित समय पर भारत की आजादी की लड़ाई में मदद करने के लिए तैयार किया जा सके। वह भारत को ब्रिटिश विरोधी और भारत समर्थक राज्यों से घेरना चाहता था और तिब्बत, नेपाल और अफगानिस्तान में सीमा चौकी स्थापित करना चाहता था।

राजा महेंद्र प्रताप 1926 में नागासाकी, जापान में प्रथम पैन-एशियाटिक सम्मेलन में भाग लेने गए थे। लेकिन जापानी जल पुलिस ने उन्हें दस दिनों की कैद के बाद निर्वासित कर दिया क्योंकि उनका पासपोर्ट खो गया था जिसे बाद में अफगान सरकार ने नवीनीकृत किया था। लेकिन उन्होंने अक्टूबर 1927 और फरवरी 1934 में क्रमशः चीन के शंघाई और डेरियन में पैन-एशियाटिक लीज सम्मेलन की दूसरी और आखिरी बैठक में सक्रिय रूप से भाग लिया। उन्होंने सन यात सेन के प्रभाव में ईस्टर्नओप्रेस्ड पीपुल्स एसोसिएशन का गठन किया और 1928 में नानकिंग, चीन से क्रांति का संदेश फैलाने के उद्देश्य से एक पेपर ग़दर ढंढोरा (क्रांति की उद्घोषणा) प्रकाशित किया। 1929 में, उन्होंने फ्रैंकफर्ट, जर्मनी में 'एंटी-इमेरियलिस्ट लीग कॉन्फ्रेंस' के आखिरी दिन की बैठक को संबोधित किया। उन्होंने अमेरिका, चीन, जापान, मंचूरिया, सियाम, फिलीपींस और अन्य देशों के सेमिनारों, क्लबों, स्कूलों, कॉलेजों, धार्मिक स्थानों, वाई.एम.सी.ए., समाजों और संघों में अपनी बातचीत के माध्यम से अपना साम्राज्यवाद विरोधी हमला शुरू किया।

राजा महेंद्र प्रताप का विदेशी मिशन केवल भारत के स्वतंत्रता आंदोलन तक ही सीमित नहीं था, बल्कि उन्होंने जापान-अफगानिस्तान, यूएसएसआर-अफगानिस्तान जैसे पड़ोसी और दूर-दराज के देशों के बीच व्यापार के रास्ते खोलकर विश्व एकता की खोज में बहुत काम किया। , चीन-जापान, और यू.एस.ए.-अफगानिस्तान।

राजा महेंद्र प्रताप न केवल राष्ट्रवादी थे बल्कि प्रथम श्रेणी के अंतर-राष्ट्रवादी भी थे। 1929 में, उन्होंने मॉस्को में एक पुस्तक के रूप में विश्व महासंघ की अवधारणा के बारे में लिखना शुरू किया। उन्होंने अपने विचारों और समाचारों को प्रचारित करने के लिए सितंबर, 1929 में जर्मनी के बर्लिन से विश्व महासंघ का पहला मासिक पत्र निकाला। शांति और

विश्व एकता का कार्य। उनका दृढ़ विचार था कि वैज्ञानिक प्रगति के वर्तमान युग में पूरे विश्व के लिए एक सशक्त सरकार न केवल शाश्वत शांति के लिए बल्कि पूरे विश्व की आर्थिक समृद्धि के लिए भी जरूरी हो गई है। वह प्रथम विश्व युद्ध की समाप्ति के बाद 1919 में गठित राष्ट्र संघ में महान शक्तियों के एकाधिकार के लिए प्रदान किए गए प्रावधानों के आलोचक थे। वह कुछ देशों की प्रभुसता और अंतरराष्ट्रीय व्यवस्था पर उनके प्रभुत्व के भी ख़िलाफ़ थे। वह सभी जातियों और राज्यों की समानता पर आधारित विश्व महासंघ की स्थापना के पक्ष में थे। उनके विचारों को 1949 में संयुक्त राष्ट्र के चार्टर में जगह मिली। लेकिन संयुक्त राष्ट्र के संस्थापकों ने सुरक्षा परिषद में स्थायी सदस्यता और वीटो शक्ति का प्रावधान करके अपना एकाधिकार और वर्चस्व फिर से बरकरार रखा।

1931 की गर्मियों से 1933 के वसंत तक राजा महेंद्र प्रताप का चीन के पेकिंग में इंपीरियल पैलेस के पास टिएटुंग खू में विश्व महासंघ का औपचारिक कार्यालय था। 1933 में उन्होंने अपना कार्यालय जापान स्थानांतरित कर दिया। उन्होंने विश्व फेडरेशन क्लब की स्थापना की और जापान और चीन में नियमित कार्यालय खोले। भारत की ब्रिटिश सरकार ने 25 अप्रैल 1931 को एक अधिसूचना जारी कर महेंद्र प्रताप द्वारा जारी किसी भी प्रकाशन की प्रति, चाहे वह किसी भी भाषा में प्रकाशित हो, ब्रिटिश भारत में लाने पर रोक लगा दी। लेकिन उन्होंने छह द्विमासिक समाचारों, अर्थात् विश्व सेना (जनवरी-फरवरी), विश्व सहयोग (मार्च-अप्रैल), विश्व राज्य (मई-जून), विश्व परिवार (जुलाई-अगस्त) के माध्यम से विश्व संघ की अपनी अवधारणा और अन्य विवरणों का कठोरता से प्रचार किया। , विश्व शांति (सितंबर-अक्टूबर), और विश्व धर्म (नवंबर-दिसंबर), जनवरी से दिसंबर 1934 में जापान और चीन से प्रकाशित।

1 दिसंबर 1937 को, उन्होंने जापान में टोक्यो शहर के कोडरिया मुर्ज़ा कुकुबुनजी में एक स्थायी "वर्ल्ड फेडरेशन सेंटर" (विश्व महासंघ केन्द्र) की स्थापना की।

वर्ल्ड फेडरेशन की स्थापना यह साबित करती है कि राजा महेंद्र प्रताप देशभक्त नहीं बल्कि मानवता का संदेश देने वाले नेता थे। जातियों और राष्ट्रों की समानता विश्व संघ की अवधारणा का संदेश था। वह पूरी तरह से उचित है जब वह खुद को मानव जाति का सेवक कहता है, बिखरी हुई मानवता को एकजुट करने और वर्गों, पंथों और रंगों की खाई को दूर करने की कोशिश करता है। विश्व महासंघ का उनका दृष्टिकोण साम्राज्यवाद के आलोचनात्मक विश्लेषण की नींव पर बना था। उन्होंने विश्व सहयोग के माध्यम से सतत शांति और आर्थिक समृद्धि के लिए प्रयास किया जिसमें संसाधनों का समान और उचित वितरण और लोगों की स्वतंत्रता शामिल थी। यह राजसी राज्यों और ब्रिटिश साम्राज्यवाद के लिए एक रेड अलर्ट था।

राजा महेंद्र प्रताप को एहसास हुआ कि जब तक दुनिया में साम्राज्यवाद कायम रहेगा तब तक संघीय विश्व की उनकी पोषित कल्पना पूरी नहीं हो सकती क्योंकि केवल स्वतंत्र राज्य ही विश्व संघ के सदस्य बन सकते थे। यह उनके लिए बहुत दुखद था कि उनका अपना देश

भी आज़ाद नहीं था और प्रथम विश्व युद्ध के दौरान अपने पहले प्रयास में वे इसे आज़ाद कराने में सफल नहीं हो सके।

मैं पाठकों को राजा महेन्द्र प्रताप के युद्ध संबंधी दृढ़ विश्वासों से अवगत कराने के लिए स्वतंत्र हूं, राजा ने विश्व संघ की अपनी अवधारणा के अनुसार एशियाई देशों के समूह जापान, कोरिया, मंचूरिया, मंगोलिया, चीन और तिब्बत को एकजुट करने का भरसक प्रयास किया। लेकिन वह सफल नहीं हो सके और 1932 में पेकिंग में इस निष्कर्ष पर पहुंचे: दुनिया को पता होना चाहिए कि राष्ट्र संघ, विश्व न्यायालय, युद्ध न करने की संधियों और डाकू प्रवृत्ति, आक्रामक तत्वों और साम्राज्यवाद के कारण मेरी प्रस्तावना जमीन पर है। इन राष्ट्रों में और वे एक दूसरे से भिड़ गए। उन्होंने आशंका जताई: एक और महान विश्व युद्ध हमारे दरवाजे पर है। उन्होंने 1933 में जापान के याकोहामा में भारतीय समुदाय से सभी परिस्थितियों के लिए खुद को तैयार करने का अनुरोध किया, जैसे ही एक सामान्य युद्ध शुरू होता है, भारत को अपनी जंजीरों को तोड़ने के लिए एक हताश प्रयास करना चाहिए। यह एक स्वर्णिम स्पष्टीकरण होगा - मैं अंग्रेजी राष्ट्र का दुश्मन नहीं हूं। मैं अंग्रेजी साम्राज्य के विनाश का पक्षधर हूं। उन्होंने 1938 और 1939 में भी भारतीय समुदाय के समक्ष इन युद्ध प्रतिबद्धताओं पर जोर दिया।

अपने निर्वासन के दौरान, राजा महेन्द्र प्रताप ने ब्रिटिश अधिकारियों द्वारा गिरफ्तारी के लिए किसी भी ब्रिटिश क्षेत्र में प्रवेश नहीं किया। उन्हें अंग्रेजी महावाणिज्य दूत की अनुमति के बिना मई, 1931 में जापान के कोबे में अपने बहनोई महाराजा रणबीर सिंह (जींद स्टेट) से मिलने की भी अनुमति नहीं दी गई थी। राजा महेन्द्र प्रताप के बड़े भाई राजा बहादुर बलदेव सिंह ने जापान में उनसे मिलने के लिए पासपोर्ट के लिए आवेदन किया था लेकिन उन्हें पासपोर्ट देने से इनकार कर दिया गया था। तब उन्होंने राजा महेन्द्र प्रताप से भारत लौटने की अनुमति मांगी। 25 मार्च, 1939 को भारत सरकार ने इसे भी अस्वीकार कर दिया। कई समाचार पत्र, अर्थात् दीपक और फिजी समाचार, उनके भारत लौटने में रुचि ले रहे थे। सुवा, फिजी के फिजी समाचार ने 14 जुलाई 1939 को अपने साप्ताहिक संस्करण में खेद व्यक्त किया कि राजा महेन्द्र प्रताप को भारत लौटने की अनुमति नहीं दी गई। भारत में प्रवेश से इनकार के बाद राजा महेन्द्र प्रताप ने कहा - इससे यह भी पता चलता है कि अंग्रेज शासक जिस स्वतंत्रता का प्रचार करते हैं वह ऐसी ही है जो उन्होंने भारत को दी है। फिर भी मेरे जैसा व्यक्ति हमारी कांग्रेस के पूर्ण समर्थन के साथ मेरी जन्मभूमि में प्रवेश नहीं कर सकता। ऐसी परिस्थितियों में, उन्होंने जून, 1939 में जापान में ब्रिटिश विरोधी बैठकों में से एक में घोषणा की। यदि मुझे विदेश में रहने के लिए मजबूर किया जाए तो मुझे निश्चित रूप से ब्रिटिश किले की दीवारों को तोड़ देना चाहिए और झंडों के साथ अपनी जन्मभूमि में प्रवेश करना चाहिए।

राजा महेन्द्र प्रताप ने बिना समय गंवाए जून, 1939 में विश्व महासंघ के युद्ध संख्या के माध्यम से अंग्रेजों के खिलाफ अपना कलम (लेखन) युद्ध शुरू कर दिया। इन महीनों

बाद सितंबर, 1939 में, जब यूरोप में द्वितीय विश्व युद्ध छिड़ गया, तो वे बेचैन हो गए और आगे बढ़ने की कोशिश की। यूरोप लेकिन नहीं कर सका - तब जापान में राजा महेंद्र प्रताप और आनंद मोहन सहाय ने एक युद्ध कोष शुरू किया, जिसका उद्देश्य हमारे प्रचार कार्य में सहायता के लिए हमारे केंद्र में कुछ युवाओं को शामिल करना और कुछ दूतों को विदेश भेजना था, उद्देश्य, निश्चित रूप से, पूरक बनाना है। भारत में आज़ादी का आंदोलन - हमारा अभिप्राय सावधानीपूर्वक परंतु दृढ़तापूर्वक आगे बढ़ना है, ताकि हम घरेलू स्तर पर अपनी कांग्रेस की प्रगति के साथ संपर्क में बने रहें और साथ ही विदेशों से भारत की राजनीतिक मुक्ति के लिए जो भी संभव हो, कुछ भी अधूरा न छोड़ें। हम आशा करते हैं और कामना करते हैं कि सुदूर पूर्व, जर्मनी, यूएसएसआर, अफगानिस्तान और अमेरिका में सभी भारतीय एक साझा कार्य योजना विकसित करेंगे। लेकिन बर्बाद करने का कोई समय नहीं है, हमें शीघ्रता से कार्य करना चाहिए।

राजा महेंद्र प्रताप ने जापान और चीन में भारतीय लोगों को एकजुट करने के लिए तीव्र गतिविधियाँ चलाईं। उनके धर्मनिरपेक्ष और उदार नेतृत्व ने भारतीय क्रांतिकारियों के विभिन्न समूहों, जापान में भारतीय राष्ट्रीय कांग्रेस के सदस्यों, पैन-एशियाटिक सोसाइटी और ईस्टर्न ऑप्रेस्ड पीपल्स एसोसिएशन को भारत के लिए स्वतंत्रता प्राप्त करने के एक सामान्य लक्ष्य के साथ एक ब्रिटिश विरोधी मंच पर ला दिया।

भारतीय समुदाय की प्रतिक्रिया से प्रसन्न होकर, राजा महेंद्र प्रताप ने 22 जून, 1940 को जापान में भारत के कार्यकारी बोर्ड का गठन किया, जिसमें स्वयं अध्यक्ष, रासबिहारी बोस उपाध्यक्ष और आनंद मोहन सहाय मुख्य सचिव थे। उनका तात्कालिक लक्ष्य भारत को स्वतंत्र कराना था। दो सप्ताह की गतिविधियों के बाद इस बोर्ड को टोक्यो के मारुनोची होटल के एक कमरे में स्थानांतरित कर दिया गया, जहां 31 अगस्त, 1940 को राजा महेंद्र प्रताप ने मुख्य अतिथि महामहिम की उपस्थिति में एक बहुत ही महत्वपूर्ण बैठक में भारत के कार्यकारी बोर्ड की नियमित स्थापना की घोषणा की। श्रीमान, शिरेटन, रोम में पूर्व राजदूत और फिर टोक्यो में इंपीरियलफॉरेन कार्यालय के सलाहकार और जापान के 42 अन्य गणमान्य व्यक्ति और प्रभावशाली व्यक्तित्व श्री सातो ने बात की और नए बोर्ड के लिए जगह बनाने के लिए पूर्व तोहोकाई को भंग कर दिया। राजा महेंद्र प्रताप ने विश्व महासंघ केंद्र का कार्य अब रतन (सिलोन से) को सौंपा। उन्होंने तब अपनी सारी ऊर्जा भारत के कार्यकारी बोर्ड के काम में लगा दी।

बड़ी मुश्किल से उन्हें चीन का पुलिस यात्रा प्रमाणपत्र मिला। उन्हें केवल पांच सौ येन की विदेशी मुद्रा ले जाने की अनुमति थी। 7 अप्रैल, 1941 की रात को उन्होंने टोक्यो छोड़ दिया। 11 अप्रैल, 1941 को वह शंघाई (4 सप्ताह), फिर नानकिंग (6 दिन) पहुंचे, और 16 मई, 1941 को पेकिंग (12 दिन) पहुंचे और ठीक 54 दिनों के बाद वह कोबे में अपने वर्ल्ड फेडरेशन सेंटर पहुंचे। , जापान 31 मई, 1941 को। इस व्यस्त प्रचार यात्रा का विवरण जून 1941 के अभियान संख्या 2 में दिया गया है। भारतीय मित्रों से उन्होंने कहा - हमारे

प्रयासों के बिना ब्रिटिश साम्राज्य मर रहा था। जर्मनी पश्चिम में विनाश कर रहा था। जापान पूर्व से जबरदस्ती बाहर निकल रहा था। यह मानते हुए भी कि इंग्लैंड आधुनिक भारत का जनक था, जो एक मृत पिता की लाशों को हमेशा के लिए रख सकता है, कोर को एक मृत पिता की लाशों को हमेशा के लिए रखना होगा। लाशों को जला दिया जाना चाहिए या दफना दिया जाना चाहिए और फिर घर की देखभाल बेटे और बेटियों द्वारा की जानी चाहिए। मैं बस आपसे अपना घर संभालने के लिए कहता हूं। इस समय हमारे बीच कोई भी झगड़ा विनाशकारी साबित होगा। . . भाइयों, यदि अंग्रेजों के जाने पर हमारी भूमि पर शांति लाने के लिए हमें भारतीय सेना में शामिल होने के लिए तैयार रहना पड़े तो तैयार रहें। . . यदि किसी चमत्कार से अंग्रेज बच सकें और दुनिया में शांति बहाल हो जाए तो उस स्थिति में भी हमारी भारतीय कांग्रेस को युद्ध जीतने में सक्षम होना चाहिए। हम किसी भी हाल में हारते नहीं. बस विश्वास रखें और विश्वास के साथ काम करें, हर मामले में अधिक आगे बढ़ें।

राजा महेंद्र प्रताप द्वारा बताई गई युद्ध की योजना इस प्रकार है -

हिटलर शेर को अपनी मांद में घेरकर वहीं मार डालना चाहता था, मैं चाहता था कि भारत में ब्रिटिश साम्राज्य को नष्ट कर दिया जाए और इस तरह शेर के दांत और नाखून उखाड़ दिए जाएं और उसे इतना हानिरहित बना दिया जाए कि वह जीवित रह सके। रोटी और दूध आहार. टोक्यो में एक बैठक में एक भारतीय अधिकारी श्री मिर्को अर्देमाग्नि ने राजा महेंद्र प्रताप के साथ एक ही मंच से बात की। उन्होंने सभा को बताया कि जापान ने जर्मनी और इटली के साथ एक संधि समाप्त कर ली है। राजा महेंद्र प्रताप ने जापानियों से सुदूर पूर्व से सभी ब्रिटिश प्रभाव को साफ़ करने का अनुरोध किया। हांगकांग और सिंगापुर पर कब्ज़ा करो और हम (भारत का कार्यकारी बोर्ड) जापान, इटली और जर्मनी के सहयोग से भारत को बाहर से आज़ाद कराना चाहते हैं। महात्मा गांधी ने भी भारत में सविनय अवज्ञा की घोषणा की है, जो भारत में ब्रिटिश प्रशासन को बाधित करेगी।

इस कार्यकारी बोर्ड ने बाद में भारतीय राष्ट्रीय सेना (आईएनए) का रूप ले लिया, जब 8 दिसंबर, 1941 को जापानी द्वितीय विश्व युद्ध में शामिल हुए, तो प्रधान मंत्री जनरल तोजो ने राजा महेंद्र प्रताप को जापानी सेना के साथ ब्रिटिश भारत पर हमला करने के लिए कहा। राजा महेंद्र प्रताप को पता था कि जापानियों ने मांचू कुओ को पूरी तरह से स्वतंत्र करने के अपने वचन का सम्मान नहीं किया है। उन्होंने मांचू कुओ से अपनी सेना वापस नहीं ली थी। इसलिए, वह ब्रिटिश साम्राज्यवाद की तर्ज पर उनकी योजनाओं से सहमत नहीं थे जो व्यवहार में थीं। वह सदैव अपने सिद्धांतों पर अड़े रहे। एक बार उन्होंने कहा था- मुझे ख़ुशी है कि मैं अपने सिद्धांतों के प्रति सच्चा रहा। यह सच है, मैं हर तिमाही में सहयोग चाहता हूं, हालांकि, मैं अपनी शर्तों पर जोर देता हूं। ऐसे व्यक्ति के लिए जापानी सेना के आदेशों का पालन करना संभव नहीं था।

इसके अलावा, राजा महेंद्र प्रताप को भारतीय सेना का नेता नहीं बनाया गया। इसका कारण यह था कि वह 'किसी देश का विषय नहीं' था और जापानियों को उस पर अधिक

भरोसा नहीं था। उन्हें रासबिहारी बोस पर अधिक भरोसा था क्योंकि वह कानूनी तौर पर जापानी नागरिक थे और उन्होंने एक जापानी लड़की से शादी की थी। जापानियों ने उन्हें पूर्वी एशिया में भारतीय निवासियों के प्रतिनिधि के रूप में स्वीकार किया। राजा महेंद्र प्रताप की अध्यक्षता में आनंद मोहन सहाय, (जो जापान में स्वतंत्र भारत के राजदूत बने) जापान में सभी क्रांतिकारी गतिविधियों की निगरानी कर रहे थे। उनके अनुसार हालांकि रासबिहारी बोस अपनी व्यक्तिगत क्षमता में एक कट्टर-क्रांतिकारी थे, लेकिन वह सेना का नेतृत्व करने या पूर्वी एशिया में भारतीय समुदाय के जन आंदोलन का नेतृत्व करने में असमर्थ थे। रासबिहारी बोस की उपरोक्त कमजोरी के कारण इंडियन नेशनल आर्मी (INA) का पहला प्रयास विफल हो गया। इसकी बहुत उम्मीद थी. ऐसी स्थिति की आशंका रखने वाले सहाय ने टोक्यो में जर्मन दूतावास के माध्यम से बर्लिन में मौजूद सुभाष चंद्र बोस के साथ संपर्क बनाए रखा था। द्वितीय विश्व युद्ध के दौरान सुभाष चंद्र बोस जर्मनी गए और उनकी मदद से भारत को आज़ाद कराना चाहते थे, इसलिए सुभाष चंद्र बोस की प्रतीक्षा करते हुए सहाय ने बिना किसी हिचकिचाहट के रासबिहारी बोस का नेतृत्व स्वीकार कर लिया। राजा महेंद्र प्रताप की भी अपने बारे में कोई महत्वाकांक्षा या विचार नहीं था - जैसा कि मैंने पहले भी किया है, मैं दोहराता हूं कि मैं भारत की आजादी में दिलचस्पी रखता हूं, इससे कोई फर्क नहीं पड़ता कि इसे कौन और कैसे महसूस करता है, मैं हमेशा खुद को वापस लेने के लिए तैयार रहता हूं।

ऐसी परिस्थितियों में, उन्हें 6 मार्च, 1942 को टोक्यो में अपने वर्ल्ड फेडरेशन सेंटर में चुपचाप बैठने का आदेश दिया गया। युद्ध के दौरान जापानी सैन्य सरकार के साथ उनका असहयोग राजा महेंद्र प्रताप के अदम्य साहस और मनोबल का ज्वलंत उदाहरण है। जापानी पुलिस ने वर्ल्ड फेडरेशन के निःशुल्क प्रकाशन में हस्तक्षेप किया और अप्रैल, 1942 में इसे रोक दिया गया।

भारत की आजादी के संघर्ष के दौरान इस महान स्वतंत्रता सेनानी के क्रांतिकारी उत्साह और बलिदान की बराबरी बहुत कम लोग कर सकते हैं। राजा महेंद्र प्रताप और सुभाष चंद्र बोस के बीच उल्लेखनीय समानता होना महज़ संयोग नहीं है क्योंकि सुभाष चंद्र बोस ने पूर्व के विचार से बहुत कुछ लिया है। युद्ध के वर्षों के दौरान इतिहास के एक महत्वपूर्ण मोड़ पर विश्व भ्रमण करने वाले राजा महेंद्र प्रताप ने आराम नहीं किया और ब्रिटिश विरोधी मोर्चे के लिए प्रयास किया और क्रांतिकारियों और देशभक्तों के मनोबल को ऊंचा रखा।

प्रथम विश्व युद्ध के दौरान 'प्रोविजनल गवर्नमेंट ऑफ इंडिया' के अनूठे प्रयोग को जब सुभाष चंद्र बोस ने द्वितीय विश्व युद्ध के दौरान 'आजाद हिंद सरकार' के रूप में दोहराया, तो विदेशों में ये क्रांतिकारी हजारों की संख्या में इसमें शामिल हुए और इसकी सहायता की। राजा महेंद्र प्रताप ने 1922 से 1942 के दौरान सुदूर पूर्व के देशों में अपने निरंतर प्रयासों से आधार तैयार किया, नींव रखी और सुदूर पूर्व में आजाद हिंद सरकार के महल का निर्माण सुभाष चंद्र बोस ने कुशलतापूर्वक किया। दार्शनिक दृष्टि से राजा महेंद्र प्रताप द्वारा तैयार

की गई सामग्री उपादान कारण है और सुभाष चंद्र बोस का नेतृत्व निमित कारण है। इन दोनों कारणों ने विदेश में दूसरी "आजाद हिंद सरकार" के महल के निर्माण में बहुत योगदान दिया है।

जापानियों के आत्मसमर्पण के बाद 14 सितम्बर 1945 को राजा महेंद्र प्रताप को अमेरिकी सेना ने गिरफ्तार कर जापान की सुगामो जेल में डाल दिया। कांग्रेस और महात्मा गांधी के प्रयासों से, हालांकि उन्हें फरवरी, 1946 में जेल से रिहा कर दिया गया, फिर भी घर लौटने के लिए आवश्यक अनुमति प्राप्त करने में पांच महीने और लग गए (एक भारतीय के रूप में नहीं बल्कि एक राज्यविहीन व्यक्ति के रूप में, एक देश विहीन व्यक्ति के रूप में)), 21 जुलाई, 1946 को वह जापानी बंदरगाह कुरे से रवाना हुए और 9 अगस्त, 1946 को मद्रास पहुँचे।

राजा महेंद्र प्रताप वास्तव में हमारी मातृभूमि के एक यशस्वी सपूत, भारत की आज़ादी के लिए अदम्य उत्साह रखने वाले एक क्रांतिकारी देशभक्त थे। भारत के स्वतंत्रता आंदोलन में उनका योगदान दूसरे से बढ़कर है। वह एक क्रांतिकारी, दूरदर्शी और मिशनरी थे जिन्होंने अपना पूरा जीवन मानव जाति की सेवा में समर्पित कर दिया। वह एक विपुल लेखक थे जिन्होंने विभिन्न विषयों पर बड़ी संख्या में किताबें लिखीं, आजादी के बाद वह अपने विचारों और योजनाओं के प्रचार-प्रसार में सक्रिय रहे। वह 1957 से 1962 तक उत्तर प्रदेश के मथुरा निर्वाचन क्षेत्र का प्रतिनिधित्व करते हुए दूसरी संसद के सदस्य थे। वह भारतीय स्वतंत्रता सेनानी संघ के अध्यक्ष भी थे। 29 अप्रैल, 1979 को 93 वर्ष की आयु में एम्स, नई दिल्ली में उनका निधन हो गया। राजा महेंद्र प्रताप को हमारे स्वतंत्रता आंदोलन के इतिहास में लंबे समय से प्रतीक्षित और विशेषाधिकार प्राप्त स्थान दिया जाना चाहिए।

14

राजा महेंद्र प्रताप सिंह राज्य विश्व विद्यालय अलीगढ़

राजा महेंद्र प्रताप सिंह राज्य विश्व विद्यालय अलीगढ़

भारत सरकार ने सन 1979 में एक भारतीय डाकटिकट राजा महेन्द्र प्रताप सिंह पर जारी किया ।

14 सितम्बर 2021 में उत्तर प्रदेश सरकार ने उनके नाम पर अलीगढ़ में एक विश्वविद्यालय राजा महेन्द्र प्रताप सिंह विश्व विद्यालय अलीगढ़ स्थापित करने की आधार शिला रखी है ।

विभिन्न स्तरों से राजा महेन्द्र प्रताप को भारत रत्न देने की मांग और उनके जीवन चरित्र को शिक्षण संस्थाओं के पाठ्य क्रमों में शामिल करने की मांग समय-समय पर उठती रही है ।

विभिन्न स्तरों से राजा महेन्द्र प्रताप को भारत रत्न देने की मांग और उनके जीवन चरित्र को शिक्षण संस्थाओं के पाठ्य क्रमों में शामिल करने की मांग समय-समय पर उठती रही है ।

14 सितम्बर 2021 राजा महेंद्र प्रताप सिंह विश्व विद्यालय अलीगढ़ स्थापित करने की आधार शिला

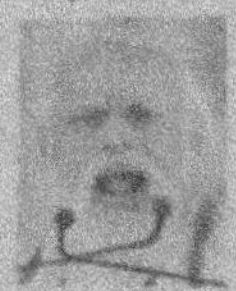

14 सितम्बर 2021 राजा महेंद्र प्रताप सिंह विश्व विद्यालय अलीगढ़ स्थापित करने की आधार शिला

राजा महेंद्र प्रताप सिंह की पूरी कहानी, पीएम मोदी ने जिनके नाम पर यूनिवर्सिटी का किया शिलान्यास

प्रधानमंत्री नरेंद्र मोदी अलीगढ़ में राजा महेंद्र प्रताप सिंह के नाम पर यूनिवर्सिटी का मंगलवार को शिलान्यास किया। उत्तर प्रदेश की योगी आदित्यनाथ सरकार ने सितंबर, 2019 में अलीगढ़ में राजा महेंद्र प्रताप सिंह के नाम एक राज्य स्तरीय यूनिवर्सिटी खोलने की घोषणा की थी।

इस यूनिवर्सिटी के शिलान्यास कार्यक्रम के लिए प्रधानमंत्री नरेंद्र मोदी के अलीगढ़ पहुँचने और इस यूनिवर्सिटी को खोले जाने को लेकर राज्य सरकार और भारतीय जनता पार्टी जिन बातों को प्रचारित कर रही थी उसमें कहा जा रहा था कि वह उन लोगों को सम्मान देने का काम कर रही है जिन्हें पिछली सरकारों में भुला दिया गया।

यूनिवर्सिटी का शिलान्यास करते हुए प्रधानमंत्री नरेंद्र मोदी ने कहा, "हमारी आज़ादी के आंदोलन में कई महान व्यक्तित्वों ने अपना सबकुछ खपा दिया। लेकिन यह देश का दुर्भाग्य रहा है कि आज़ादी के बाद ऐसे राष्ट्र नायक और नायिकाओं को अगली पीढियों को परिचित ही नहीं कराया गया। "

पश्चिमी उत्तर प्रदेश के मुज़फ़्फरनगर से सांसद और केंद्र सरकार में राज्य मंत्री संजीव बालियान कहते हैं, "राजा महेंद्र प्रताप सिंह स्वतंत्रता संग्राम में शामिल रहे हैं, उन्होंने भारत की पहली निर्वासित सरकार बनाई। उन्होंने समाज के लिए कई तरह के संस्थान खोले थे। एएमयू जैसी यूनिवर्सिटी के लिए उन्होंने ज़मीन दी थी। लेकिन उनके योगदान को पूरी तरह भुला दिया गया। उनसे कम योगदान देने वालों का नाम पिछली सरकारों में हर दूसरे तीसरे दिन लिया जाता रहा, लेकिन जाट समुदाय के इतने महान नेता के योगदान को याद नहीं रखा गया। "

राजा महेंद्र प्रताप विवि का शिलान्यास को

अभी तक राजा के नाम पर ऐसा कुछ भी नहीं है, जिससे उनकी शान में बढ़ोतरी हो। यह अब योगी सरकार करने जा रही है। 14 सितंबर को प्रधानमंत्री नरेन्द्र मोदी लोधा ब्लाक क्षेत्र के गांव मूसेपुर के पास राजा महेंद्र प्रताप राजकीय विश्वविद्यालय की नींव रखेंगे। इसे जाट समाज के नेता राजा महेंद्र प्रताप के लिए बड़ी श्रद्धांजलि मान रहे हैं। इस विश्वविद्यालय की स्थापना के पश्चिम उत्तर प्रदेश में बड़े मायने भी हैं। जाट आंदोलन इसी क्षेत्र में है और विधानसभा चुनाव भी अधिक दूर नहीं। राजा महेंद्र प्रताप का जन्म एक सितंबर 1886 को हाथरस के कस्बा मुरसान में हुआ था। वे राजा घनश्याम सिंह के तीसरे पुत्र थे। घनश्याम सिंह के मोहम्मडन एंग्लो कालेज के संस्थापक सर सैयद अहमद खां से अच्छे संबंध थे। सर सैयद के आग्रह पर ही महेंद्र प्रताप को कालेज पढने भेजा। पिता की मौत के कारण राजा को रियासत संभालनी पड़ी और 12वीं के बाद 1907 में कालेज छोडऩा पड़ा। फिर आजादी की लड़ाई में शामिल लोगों की मदद करने लगे। प्रथम विश्व युद्ध के दौरान वे अफगानिस्तान चले गए। एक दिसंबर 1915 में काबुल से भारत के लिए अंतरिम सरकार की घोषणा की, जिसके राष्ट्रपति स्वयं तथा प्रधानमंत्री मौलाना बरकतुल्ला खां बने। 1946 में वह भारत लौटे। बाद में वह मथुरा से सांसद भी बने। 29 अप्रैल 1979 में उनका निधन हो गया। राजा महेंद्र प्रताप सिंह ने अपनी आत्मकथा 'माई लाइफ स्टोरी' में लिखा है कि उन्हें गुल्ली डंडा के साथ टेनिस व चेस का शौक था। कालेज की छुट्टियों में अपना समय मुरसान व वृंदावन में बिताते थे।

राजा के नाम हो सकता है एएमयू का स्कूल

राजा महेंद्र प्रताप ने अपना पूरा जीवन देश सेवा में लगाया। बहुत सारी सपंत्ति भी दान कर दी। अलीगढ़ मुस्लिम यूनिवर्सिटी (एएमयू) को भी राजा ने जमीन दी। एएमयू का सिटी स्कूल राजा की 3.8 एकड़ जमीन पर बना हुआ है। यह जमीन 1929 में 90 साल के लिए लीज पर दी गई थी। राजा के प्रपौत्र चरत प्रताप सिंह ने यूनिवर्सिटी को प्रस्ताव दिया था कि

जिस जमीन पर स्कूल बना है, उसे राजा का नाम दिया जाए। इस पर कुलपति ने एक कमेटी बनाई थी। कमेटी ने स्कूल का नाम राजा के नाम पर करने की रिपोर्ट दी थी। हालांकि अभी इस पर कोई निर्णय होना बाकी है।

योगी ने दो साल पहले की थी घोषणा

राजा महेंद्र प्रताप सिंह के नाम पर यूनिवर्सिटी की घोषणा मुख्यमंत्री योगी आदित्यनाथ ने जाट बहुल क्षेत्र जिले की इगलास विधानसभा सीट के लिए 2019 में हुए उपचुनाव के दौरान की थी। मुख्यमंत्री ने कई बार अपने भाषणों में राजा द्वारा एएमयू को जमीन तो दान करने का जिक्र भी किया। हालांकि एएमयू में राजा के नाम पर किसी इमारत या हाल का नाम नहीं है।

राजा महेंद्र प्रताप सिंह के नाम पर यूनिवर्सिटी बनना जाट समाज के लिए गर्व की बात है। अभी तक किसी सरकार ने राजा के लिए इस तरह सोचा नहीं था। ये पूरे जाट समाज का सम्मान है।

राजा महेन्द्र प्रताप सिंह राज्य विश्वविद्यालय , अलीगढ़ उत्तर प्रदेश

15
स्मृतियाँ शेष

स्मृतियाँ शेष
भारतीय डाक टिकिट राजा महेन्द्र प्रताप सिंह (1979)
भारत सरकार ने सन 1979 में एक भारतीय डाकटिकट राजा महेन्द्र प्रताप सिंह पर जारी किया ।

सन 1979 में एक भारतीय डाकटिकट राजा महेन्द्र प्रताप सिंह

इंदिरा गांधी पूर्व प्रधानमंत्री भारत सरकार

राजा महेंद्र प्रताप इंदिरा गांधी के साथ

राजा महेंद्र प्रताप इंदिरा गांधी के साथ

राजा महेंद्र प्रताप इंदिरा गांधी के साथ

जाट राजा महेंद्र प्रताप ने अफगानिस्तान में बनाई थी भारत की अंतरिम सरकार (अलीगढ़ समाचार -Aligarh News)

शायद कम लोग ही जानते होंगे कि आजादी से पहले ही भारत की अंतरिम सरकार का गठन कर दिया गया था। यह काम जाटों में शौर्य के प्रतीक राजा महेंद्र प्रताप सिंह ने अफगानिस्तान में कर आजादी के दीवानों का हौसला बढ़ाया था।

अलीगढ़ मुस्लिम विश्वविद्यालय अलीगढ़ उत्तर प्रदेश

एएमयू के कुलपति प्रो. एएम ख़ुसरो , यूनिवर्सिटी के शताब्दी समारोह में राजा महेंद्र प्रताप सिंह

स्रोत,AMUइमेज कैप्शन,1977 में एएमयू के कुलपति प्रो. एएम ख़ुसरो ने यूनिवर्सिटी के शताब्दी समारोह में राजा महेंद्र प्रताप सिंह को मुख्य अतिथि बनाया था ।

अलीगढ़ मुस्लिम विश्वविद्यालय की लाइब्रेरी में राजा महेंद्र प्रताप सिंह की लगी तस्वीर.

अलीगढ़ मुस्लिम विश्वविद्यालय की लाइब्रेरी में राजा महेन्द्र प्रताप की लगी तस्वीर

राजा महेंद्र प्रताप थे कौन?

ऐसे में सबसे बड़ा सवाल यह है कि आख़िर राजा महेंद्र प्रताप सिंह थे कौन और उनका जाट समाज के लिए क्या योगदान रहा है। राजा महेंद्र प्रताप सिंह पश्चिमी उत्तर प्रदेश के हाथरस ज़िले के मुरसान रियासत के राजा थे। जाट परिवार से निकले राजा महेंद्र प्रताप सिंह की शख़्सियत के कई रंग थे। वे अपने इलाक़े के काफ़ी पढ़े-लिखे शख़्स तो थे ही, लेखक और पत्रकार की भूमिका भी उन्होंने निभाई। पहले विश्वयुद्ध के दौरान अफ़ग़ानिस्तान जाकर उन्होंने भारत की पहली निर्वासित सरकार बनाई। वे इस निर्वासित सरकार के राष्ट्रपति थे।

एक दिसंबर, 1915 को राजा महेंद्र प्रताप सिंह ने अफ़ग़ानिस्तान में पहली निर्वासित सरकार की घोषणा की थी।

निर्वासित सरकार का मतलब यह है कि अंग्रेज़ों के शासन के दौरान स्वतंत्र भारतीय सरकार की घोषणा। राजा महेंद्र प्रताप सिंह ने जो काम किया था, वही काम बाद में सुभाष

चंद्र बोस ने किया था। इस लिहाज़ से देखें तो दोनों में समानता दिखती है।

हालांकि सुभाष चंद्र बोस कांग्रेसी थे और राजा महेंद्र प्रताप सिंह घोषित तौर पर कांग्रेस में नहीं रहे। हालांकि उस दौर में कांग्रेस के बड़े नेताओं तक उनकी धमक पहुँच चुकी थी। इसका अंदाज़ा महेंद्र प्रताप सिंह पर प्रकाशित अभिनंदन ग्रंथ से होता है जिसमें उनके महात्मा गांधी से संपर्क का ज़िक्र है।

इस ग्रंथ में महात्मा गांधी के विचारों को भी जगह दी गई है। गांधी ने महेंद्र प्रताप सिंह के बारे में कहा था, "राजा महेंद्र प्रताप के लिए 1915 में ही मेरे हृदय में आदर पैदा हो गया था। उससे पहले भी उनकी ख्याति का हाल अफ़्रीका में मेरे पास आ गया था। उनका पत्र व्यवहार मुझसे होता रहा है जिससे मैं उन्हें अच्छी तरह से जान सका हूं। उनका त्याग और देशभक्ति सराहनीय है।"

बहरहाल, सुभाष चंद्र बोस निर्वासित सरकार के गठन के बाद स्वदेश नहीं लौट सके, लेकिन राजा महेंद्र प्रताप सिंह भारत भी लौटे और आज़ादी के बाद राजनीति में भी सक्रिय हुए। 32 साल तक देश से बाहर रहे राजा महेंद्र प्रताप सिंह ने भारत को आज़ाद कराने की कोशिशों के लिए जर्मनी, रूस और जापान जैसे देशों से मदद माँगी। हालांकि वे उसमें कामयाब नहीं हुए।

1946 में जब वो भारत लौटे तो सबसे पहले वर्धा में महात्मा गांधी से मिलने गए। लेकिन भारतीय राजनीति में उस दौर की कांग्रेस सरकारों के ज़माने में उन्हें कोई अहम ज़िम्मेदारी निभाने का मौक़ा नहीं मिला।

शिक्षा के लिए मददगार शख़्स की छवि

राजनीतिक तौर पर राजा महेंद्र प्रताप सिंह की बहुत बड़ी पहचान भले नहीं बन पायी हो लेकिन एक ऐसे समाजसेवी के तौर पर ज़रूर बन गई थी जो शिक्षा के प्रचार प्रसार के लिए लगातार धन संपदा दान देते रहे।

आदित्य चौधरी बताते हैं, "राजा साहब में लीडरशिप क्वालिटी नहीं थी, वे जाटों में बहुत लोकप्रिय भी नहीं थे लेकिन उनमें एजुकेशन को आगे बढ़ाने के लिए विलक्षण संकल्प था. आप कह सकते हैं उन्होंने अपनी सारी संपत्ति शैक्षणिक संस्थाओं को खड़ा करने में लगा दी।"

हालांकि राजा महेंद्र प्रताप सिंह जब शैक्षणिक संस्थानों के लिए दान दे रहे होंगे तो शायद उन्होंने कभी नहीं सोचा होगा कि एक समय ऐसा भी आएगा जब यह एक राजनीतिक मुद्दा बन जाएगा। राजा महेंद्र प्रताप सिंह यूनिवर्सिटी खोले जाने के दौरान सोशल मीडिया प्लेटफ़ॉर्म्स पर लगातार अलीगढ़ मुस्लिम यूनिवर्सिटी की चर्चा भी हो रही है। यह भी बताया जा रहा है कि अलीगढ़ मुस्लिम यूनिवर्सिटी के लिए राजा महेंद्र प्रताप सिंह ने ज़मीन दान दी थी और यूनिवर्सिटी कैंपस में उनके योगदान का कहीं ज़िक्र नहीं है।

इस पहलू पर अलीगढ़ मुस्लिम यूनिवर्सिटी के प्रवक्ता उमर पीरज़ादा कहते हैं, "देखिए राजा महेंद्र प्रताप सिंह हमारे यूनिवर्सिटी के ही छात्र रहे हैं, ऐसे में हम सब के लिए उनके नाम पर एक शैक्षणिक केंद्र का खुलना गर्व की बात है।"

पिता की सर सैय्यद अहमद ख़ान से दोस्ती

दरअसल राजा महेंद्र प्रताप सिंह के पिता राजा घनश्याम सिंह सर सैय्यद अहमद ख़ान के दोस्त थे और उनके परिवार ने अलीगढ़ मुस्लिम यूनिवर्सिटी से पहले यहां चलने वाले स्कूल और कॉलेज के निर्माण में वित्तीय मदद की थी। राजा महेंद्र प्रताप सिंह के एएमयू के निर्माण में उनके योगदान का ज़िक्र करने पर उमर पीरज़ादा ने कहा, "राजा महेंद्र प्रताप सिंह ने अलीगढ़ मुस्लिम यूनिवर्सिटी को 1929 में 3.8 एकड़ की ज़मीन लीज़ पर दी थी। यह ज़मीन मुख्य कैंपस से अलग शहर की ओर है जहां आज आधे हिस्से में सिटी स्कूल चल रहा है और आधा हिस्सा अभी ख़ाली है।"

अलीगढ़ मुस्लिम यूनिवर्सिटी का कैंपस 467 एकड़ से ज़्यादा हिस्से में फैला हुआ है और इसके लिए राजा महेंद्र प्रताप सिंह के अलावा दूसरे लोगों ने भी ज़मीन दी थी। राजा महेंद्र प्रताप सिंह के योगदान को यूनिवर्सिटी कैंपस में किस तरह से संजोया गया है, इस बारे में पूछने पर उमर पीरज़ादा ने बताया, "हमलोगों की सेंट्रल लाइब्रेरी, मौलाना आज़ाद लाइब्रेरी में उनकी बड़ी तस्वीर लगी है, उनपर कई किताबें हमलोगों ने ख़ास तौर पर रखी हैं और समय-समय पर उनके सम्मान में सेमिनार और संगोष्ठियां होती रही हैं।"

अलीगढ़ मुस्लिम यूनिवर्सिटी में कई हस्तियों मसलन सर सैय्यद हॉल, मौलाना आज़ाद लाइब्रेरी, सरोजनी नायडू हॉल, ध्यानचंद हॉस्टल, इंदिरा गांधी हॉस्टल जैसे नामों की सूची में राजा महेंद्र प्रताप सिंह का नाम शामिल भले न हो, लेकिन विश्वविद्यालय कैंपस उन्हें भूल गया हो, यह नहीं माना जा सकता है क्योंकि 1977 में एमएओ कॉलेज अलीगढ़ के शताब्दी समारोह के आयोजन में राजा महेंद्र प्रताप सिंह मुख्य अतिथि के तौर पर शामिल हुए थे.

वे सर्वधर्म समभाव के लिए जाने जाते थे

एक और दिलचस्प बात यह है कि राजा महेंद्र प्रताप सिंह कभी हिंदू-मुसलमान के पचड़े में नहीं पड़े। उन्हें आर्य पेशवा त्याग मूर्ति के तौर पर भी जाना जाता रहा। आदित्य चौधरी कहते हैं, "सच्चाई तो यह है कि राजा महेंद्र प्रताप सिंह सर्वधर्म समभाव के लिए जाने जाते रहे थे। वे कहते भी थे कि एक ही धर्म होना चाहिए प्रेम धर्म. और तो और वे लोगों को अपना नाम 'पीर पीटर प्रेम प्रताप' तक बताया करते थे। ऐसे में उन्हें हिंदू या केवल जाट तक केंद्रित करना उचित नहीं होगा।"

राजा महेंद्र प्रताप सिंह ने अफ़ग़ानिस्तान में जो निर्वासित सरकार बनायी थी, उसमें वे ख़ुद तो राष्ट्रपति बने थे जबकि प्रधानमंत्री उन्होंने मोहम्मद बरकतुल्लाह भोपाली को बनाया था। ख़ास बात यह है कि स्वतंत्रता संग्राम से पहले ना तो कांग्रेस के नरम दल में ही

वे रहे और ना ही गरम दल में और आज़ादी के बाद ना तो कांग्रेस के साथ रहे और ना ही जनसंघ के साथ। हालांकि उनका रूझान वामपंथ की ओर ज़रूर दिखा और वे रूसी क्रांति से प्रभावित थे।

आदित्य चौधरी यह भी बताते हैं कि राजा महेंद्र प्रताप ने वृंदावन में प्रेम महाविद्यालय की स्थापना की थी और उनका यक़ीन था कि शिक्षा के ज़रिए ही समाज में प्रेम और सद्भाव को स्थापित किया जा सकता है। यह प्रेम विद्यालय मौजूदा समय में वृंदावन पॉलीटेकनिक संस्थान के तौर पर उम्दा संस्थान माना जाता है। शांति-सद्भाव और शिक्षा के लिए कोशिशों को देखते हुए ही 1932 में राजा महेंद्र प्रताप सिंह को शांति के नोबल पुरस्कार के लिए नामांकित किया गया था।

वैसे यह सच है कि 1962 में मथुरा लोकसभा से चुनाव हारने के बाद वे सार्वजनिक जीवन में बहुत सक्रिय नहीं रहे और उनका निधन 29 अप्रैल, 1979 को हुआ था। उनके निधन पर तत्कालीन केंद्र सरकार ने डाक टिकट भी जारी किया था।

वहीं राष्ट्रीय लोकदल के नेता जयंत चौधरी ने राजा महेंद्र प्रताप सिंह के नाम पर यूनिवर्सिटी का स्वागत करते हुए कहा, "मैंने पहले भी कहा है कि यह स्वागत भरा फ़ैसला है।लेकिन हमारी मांग है कि केंद्र सरकार राजा साहब की विरासत का सम्मान करते हुए उन्हें भारत रत्न से सम्मानित करे।"

केंद्रीय मंत्री संजीव बालियान कहते हैं, "देखिए हम लोगों की पीढ़ी को तो राजा महेंद्र प्रताप सिंह के बारे में मालूम था, लेकिन आज की युवा पीढ़ी को जानकारी नहीं थी, अब उन तक जानकारी पहुँचेगी तो उन्हें भी सम्मान का बोध होगा कि हमारे समुदाय का व्यक्ति कितना बड़ा आदमी था. इससे अच्छी बात क्या हो सकती है।"

मौजूदा समय में पश्चिमी उत्तर प्रदेश में जिस तरह से जाट किसान तीन नए क़ानून को लेकर मोदी सरकार का विरोध कर रहे हैं, उसे देखते हुए इसे जाट समुदाय को मनाने की कोशिश के तौर पर भी देखा जा रहा है। हालांकि संजीव बालियान इन दोनों पहलुओं को अलग-अलग बताते हुए कहते हैं, "राजा महेंद्र प्रताप सिंह के नाम पर यूनिवर्सिटी निर्माण की घोषणा उत्तर प्रदेश के मुख्यमंत्री योगी आदित्यनाथ जी ने तब की थी जब किसान आंदोलन नहीं था। यूनिवर्सिटी बनाने के लिए ज़मीन अधिग्रहण इत्यादि में समय लगता है। इसलिए अभी शिलान्यास हो रहा है।"

आदित्य चौधरी कहते हैं, "जाट को आप ऐसा इकलौता समुदाय मान सकते हैं जो अपना नेता चुनते वक्त बहुत दिमाग़ नहीं लगाता है। इसलिए वह अपना समर्थन कब किसको देगा, इसका आकलन थोड़ा मुश्किल है।"

वहीं जाट किसानों के आंदोलन को लेकर संजीव बालियान ने कहा, "हमलोग बातचीत कर रहे हैं, फ़सलों का समर्थन मूल्य बढ़ाने को लेकर काम हो रहा है। हमारी लगातार कोशिश है कि हम इस आंदोलन का समाधान निकालें।"

अंग्रेज़ों का मुक़ाबला करने के लिए राजा महेंद्र प्रताप सिंह ने विदेशी ताक़तों से मदद लेने की ठानी। इसलिए वो कई बार विदेश दौरे पर गए, रूस, जर्मनी और जापान को भारत की मदद करने के लिए राज़ी भी कर लिया था। **रूसी क्रांतिकारी व्लादिमीर लेनिन के साथ राजा महेंद्र प्रताप की बहुत अच्छी दोस्ती थी।** मगर जैसे ही अंग्रेज़ों को पता चला कि वो बाहर से भारत को आज़ाद करवाने की कोशिश कर रहे हैं तो उनकी संपत्ति जब्त कर महेंद्र प्रताप सिंह को भगोड़ा घोषित कर दिया।

किया भारत की पहली निर्वासित सरकार का गठन

Enter Caption

देश से निर्वासित होने के बाद वो अफ़ग़ानिस्तान पहुंचे। यहां भी इंडिया को आज़ाद करवाने की कोशिश करते रहे। 1915 में उन्होंने देश को आज़ाद करवाने के उद्देश्य से भारत की पहली अंतरिम सरकार का गठन अफ़गानिस्तान में किया। देश की इस पहली निर्वासित सरकार के राष्ट्रपति वो स्वयं थे और प्रधानमंत्री उन्होंने मौलवी बरकतुल्लाह को बनाया। ऐसी ही एक सरकार नेताजी सुभाष चंद्र बोस ने भी बनाई थी।

पंचायती राज स्थापित करने की छेड़ी मुहिम

राजा महेंद्र प्रताप

खैर, कुछ सालों तक भारत की आज़ादी के लिए विदेश से सपोर्ट करने के बाद 1946 में वो भारत आ गए। यहां 1947 में अंग्रेज़ों से आज़ादी मिलने के बाद उन्होंने देश में पंचायती राज स्थापित करने यानी लोगों के हाथ में सत्ता देने की मुहिम छेड़ी। 1957 में हुए लोकसभा चुनावों हिस्सा भी लिया और मथुरा से सांसद भी बने।

शैक्षणिक संस्थानों को दिल खोलकर दान किया

मगर जवाहर लाल नेहरू की सरकार ने उन्हें अपनी सरकार में जगह नहीं दी। राजनीति में भले ही उन्हें बहुत सफलता न मिली हो मगर समाज सेवक के रूप में महेंद्र प्रताप सिंह ने ख़ूब ख्याति बटोरी। उन्होंने कई शैक्षणिक संस्थानों को दिल खोलकर दान किया। यही नहीं जब अलीगढ़ मुस्लिम यूनिवर्सिटी बन रही थी तब उन्होंने विश्वविद्यालय को क़रीब 4 एकड़ ज़मीन दान दी थी।

पश्चिमी यूपी में लगातार उनके नाम पर विश्वविद्यालय बनाने की मांग उठती रही है ताकि आने वाली पीढ़ी उनके बलिदान को याद रख सके। इसी संदर्भ में पीएम मोदी ने बीते 14 सितंबर को अलीगढ़ में राजा महेंद्र प्रताप सिंह विश्वविद्यालय का शिलान्यास किया था।

जाट राजा महेंद्र प्रताप ने अफगानिस्तान में बनाई थी भारत की अंतरिम सरकार (अलीगढ़ समाचार - Aligarh News)

अलीगढ़, संतोष शर्मा। शायद कम लोग ही जानते होंगे कि आजादी से पहले ही भारत की अंतरिम सरकार का गठन कर दिया गया था। यह काम जाटों में शौर्य के प्रतीक राजा महेंद्र प्रताप सिंह ने अफगानिस्तान में कर आजादी के दीवानों का हौसला बढ़ाया था। उन्होंने करीब ढाई साल वहां से अंतरिम सरकार चला अंग्रेजों को चुनौती दी।

राजा महेंद्र प्रताप सिंह और उनकी पत्नी बलवीर कौर साथ में।

राजा महेंद्र प्रताप सिंह और उनकी पत्नी बलवीर कौर साथ में।

अलीगढ़, संतोष शर्मा।आपने राजा-रानी के किस्से, कहानियां तो बहुत पढ़ी और सुनी होंगी, पर यह कुछ अलग ही है। एक ऐसे राजा का जिंदगीनामा है, जिसमें आजादी के जुनून के अलावा कुछ न था। राजा ने जहां देश सेवा के लिए पूरा जीवन समर्पित कर दिया तो रानी ने भी राजा के इस संघर्ष पर सब कुछ न्यौछावर कर दिया। देश को गुलामी की जंजीरों से आजाद कराने के लिए दोनों करीब 12 साल एक-दूसरे से दूर रहे। रानी ने छोटे-छोटे बच्चों को बड़ी मुश्किलों में पाला। देश आजाद होने पर राजा जब विदेश से लौटे तो रानी के अलावा जवान बेटे का भी देहांत हो चुका था। पूरा परिवार बिखर चुका था। ये कहानी है अफगानिस्तान में भारत की अंतरिम सरकार बनाने वाले जाट राजा महेंद्र प्रताप सिंह और उनकी पत्नी बलवीर कौर की।

अंग्रेज भारत छोड़ो का संदेश दिया

मुरसान रियासत के राजा घनश्याम सिंह के तीन पुत्रों में से महेंद्र प्रताप सिंह सबसे छोटे थे। घनश्याम सिंह के पारिवारिक दोस्त राजा हरनारायण सिंह के कोई संतान नहीं थी, उन्होंने महेंद्र प्रताप को गोद ले लिया। तब उनकी उम्र तीन साल थी। वर्ष 1902 में उनका विवाह हरियाणा के जींद रियासत के सिद्धू जाट परिवार के महाराज रंजीत सिंह की पुत्री बलवीर कौर से धूमधाम से हुआ था। राजा की बरात दो ट्रेनों से संगरूर गई थी। महेंद्र प्रताप जब भी ससुराल जाते तो उन्हें 11 तोपों की सलामी दी जाती। वर्ष 1905 में वह पत्नी बलवीर कौर को विदेश यात्रा पर ले गए थे। वर्ष 1909 में पुत्री भक्ति और 1913 में पुत्र प्रेम प्रताप पैदा हुआ। इससे पहले ही जाट राजा के मन में कुछ और चलने लगा। वर्ष 1906 में राजा महेंद्र प्रताप ने कोलकता में आयोजित भारतीय राष्ट्रीय कांग्रेस के अधिवेशन में भाग लिया था। यह अधिवेशन उनके लिए अहम साबित हुआ, वह स्वदेशी के रंग में रंग गए। महाराज रंजीत सिंह ने राजा के कांग्रेस अधिवेशन में भाग लेने का विरोध किया था। लेकिन राजा पर इसका कोई असर नहीं हुआ। प्रथम विश्व युद्ध के दौरान वर्ष 1914 में वह विदेश चले गए। एक दिसबंर 1915 को अफगानिस्तान में भारत की अंतरिम सरकार बनाकर अंग्रेजों को भारत छोड़ने का संदेश दिया। देश छोड़ने के समय राजा देहरादून में थे। देहरादून में उसी दिन बिजली की आपूर्ति शुरू हुई थी।

रानी का तप, बिखर गया परिवार

राजा का विदेश जाना उनके परिवार का बिखर जाना जैसा रहा। रानी बलवीर कौर ने बेटा और बेटी की तो जिम्मेदारी संभाली ही खुद को भी मजबूत बनाया। उन्हें पता था कि उनके पति ऐसी यात्रा पर गए हैं जिसकी सफलता से देश गुलामी से मुक्त होगा। राजा को अंग्रेजों ने देशद्रोही घोषित कर दिया था, इसलिए वह भारत नहीं आ सकते थे। पति के इंतजार में रानी ने करीब 12 साल बिताए। राह देखते-देखते उनका वर्ष 1926 में निधन हो गया। इसके 17 साल बाद एक और झटका लगा, उनके 34 वर्षीय बेटे प्रेम का भी निधन हो गया।

भारत रत्न के हकदार राजा महेन्द्र प्रताप -

रनवीर सिंह

संवाद

भारत रत्न के हकदार राजा महेंद्र

भारत रत्न के हकदार राजा महेन्द्र प्रताप

राजा महेंद्र प्रताप सिंह पर शनिवार को परिचर्चा आयोजित की गई।

राजा महेंद्र प्रताप को उठी भारत रत्न देने की मांग

आगरा | हिन्दुस्तान संवाद

'राजा महेन्द्र प्रताप के विचार एवं उनके दर्शन' पर परिचर्चा का आयोजन नागरी प्रचारणी सभा के पुस्तकालय में किया गया। राजा महेन्द्र प्रताप को भारत रत्न की उपाधि दिये जाने की मांग भारत सरकार से की गई। यूपी के एमएसएमई राज्यमंत्री चौधरी उदयभान सिंह ने भारत रत्न की मांग का समर्थन किया।

● मुख्य अतिथि एवं राजा महेन्द्र प्रताप अभियान के संयोजक दिल्ली के चौ. हरपाल सिंह राणा ने 'अमृत महोत्सव' के अवसर पर राजा महेन्द्र प्रताप को भारत रत्न दिये जाने की मांग की। विशिष्ट अतिथि डॉ. भानु प्रताप सिंह, किसान मोर्चा भाजपा के जिलाध्यक्ष एवं विशिष्ट अतिथि यशपाल राणा, अध्यक्ष डॉ. सुरेन्द्र सिंह, संयोजक एवं शिक्षाविद् डॉ. देवी सिंह नरवार ने राजा महेन्द्र प्रताप के कृतित्व और व्यक्तित्व पर चर्चा की। राज्य भोजन बोर्ड के सदस्य चन्द्र प्रताप सिंह सिकरवार, डॉ. देव प्रकाश शर्मा, डॉ भोजकुमार शर्मा जिला संयोजक, भाजपा शिक्षक प्रकोष्ठ आदि थे।

राजा महेन्द्र प्रताप को भारत रत्न देने की मांग

राजा महेंद्र प्रताप को क्यों मिलना चाहिए भारत रत्न जानें हरपाल सिंह की राय

अलीगढ़। दिल्ली के हरपाल सिंह राणा के अनुसार देश में फकीर से राजा तो अनेकों बने , लेकिन राजा से बने फकीर अकेले महान शिक्षाविद, क्रांतिकारी, समाजसेवी स्वर्गीय राजा महेंद्र प्रताप, जो देश के इकलौते राजा थे जिन्होंने अपनी अधिकतर भूमि, संपत्ति गुरुकुल, विद्यालय, शिक्षक संस्थानों, किसानों को देकर स्वरोजगार और शिक्षा का उजियारा किया देश को आज़ाद कराने के लिए 32 वर्ष विदेश में रहकर ब्रिटिश हुकूमत को भारत छोड़ने को मजबूर किया। दूरदर्शी राजा महेंद्र प्रताप ने नेताजी सुभाष चंद्र बोस जी से पहले 1915 में अफगानिस्तान काबुल में आजाद हिंद सेना का गठन किया। और स्वतंत्रता के बाद मथुरा से निर्वाचित लोकसभा सांसद भी रहे। वर्तमान याद किए गए- 25 दिसंबर 2014 में मोदी द्वारा काबुल की संसद के एक हॉल का नाम पूर्व प्रधानमंत्री अटल बिहारी के नाम से उद्घाटन करते वक्त राजा महेंद्र प्रताप और आज़ादी पर उनकी महत्त्वता को दुनिया के सामने उजागर किया । मोदी ने कहा हमारे स्वतंत्रता संग्राम के लिए भारतीयों को अफ्गानों का समर्थन याद है खान अब्दुल गफ्फार खान का योगदान उस इतिहास के महत्वपूर्ण पड़ाव था ।आज से ठीक सौ साल पहले, राजा महेंद्र प्रताप और मौलाना बरकतुल्लाह द्वारा काबुल में आजाद हिंद सरकार का गठन किया गया था। प्रधानमंत्री मोदी ने सीमांत गांधी के साथ राजा महेंद्र प्रताप का नाम लिया और उनके और अफगानिस्तान के राजा के बीच की बातचीत को भाईचारे की भावना का प्रतीक बताया। वह तीन दशकों से अधिक तक जर्मनी बर्लिन अफगानिस्तान पोलैंड स्विट्जरलैंड, तुर्की, इजिप्ट आदि देश को स्वतंत्र कराने के लिए दुनिया भर की खाक छानते रहे। राजा महेंद्र प्रताप के स्वर्गवास 29 अप्रैल, 1979 के बाद सरकार ने एक डाक टिकट जारी करके सम्मान तो दिया, लेकिन उनके कार्यों और योगदान को देखते हुए सरकार और इतिहासकारों ने असली स्वतंत्रतासेनानियों,क्रांतिकारियों ,बलिदानों के साथ राजा महेंद्र प्रताप जी का भी सही प्रकार से मूल्यांकन नहीं किया।भले ही 1932 में नोबेल पुरस्कार के लिए नामित किए गए हो लेकिन भारत के नागरिक उनकी जयंती और पुण्यतिथि तक भूल गए हैं। 14 सितंबर को नरेंद्र मोदी उनके नाम से अलीगढ़ में विश्वविद्यालय की आधारशिला रख रहे हैं बहुत ही सराहनीय है लेकिन उनका हक बनता है रत ।जो कि प्रधानमंत्री से निवेदन करते हैं कि इस पर अनुभूति पूर्वक विचार किया जाए जिससे एक सच्चे देशभक्त सांसद को सम्मान मिल सके।

भारत रत्न की मांग

हाथरस के राजा महेन्द्र प्रताप सिंह और महाराजा पदम् सिंह जूदेव मगरौरा (डबरा जिला ग्वालियर)

हाथरस के राजा महेन्द्र प्रताप सिंह और महाराजा पदम् सिंह जूदेव मगरौरा (डबरा जिला ग्वालियर)

जाट समाज कल्याण परिषद ग्वालियर , मुरसान भ्रमण 20 मार्च 2019, राजा श्री गरुड़ ध्वज सिंह मुरसान (बाएं से तीसरे)

जाट समाज कल्याण परिषद ग्वालियर , मुरसान भ्रमण 20 मार्च 2019, राजा श्री गरुड़
ध्वज सिंह मुरसान (बाएं से तीसरे)

राजा चरत प्रताप सिंह प्रपौत्र स्व. राजा महेन्द्र प्रताप सिंह , देहरादून

राजा चरत प्रताप सिंह प्रपौत्र स्व० राजा महेन्द्र प्रताप सिंह जी। (बांह से पहले पगड़ी पहने हुए)

विश्व संघ' के लिए 'पीटर पीर प्रताप' बनने वाले राजा महेंद्र प्रताप

अपनी सघन सक्रियता के दौर में राजा महेन्द्रप्रताप ने लेनिन से भी भेंट की थी। उनका जीवन अत्यंत विशिष्ट अनुभवों से भरा-पुरा रहा। दुनिया के कितने ही देशों में उनकी कीर्ति और काम का डंका बजा। आज़ादी के बाद दिल्ली में आयोजित अखिल भारतीय स्वतंत्रता सेनानी सम्मेलन की अध्यक्षता उन्होंने ही की, जिसका उदघाटन प्रधानमंत्री इंदिरा गांधी ने किया था। वे निरन्तर 'विश्व-संघ' स्थापना पर जोर देते रहे। उन्होंने अपना नाम 'पीटर पीर प्रताप' रखा जो उनकी अडिग प्रतिबद्धताओं को जाहिर करता है ।

Enter Caption

1992 में हमने अपनी पत्रिका 'संदर्श' का 300 पेजी अंक केरल के साहित्य, कला, इतिहास और वहां के सामाजिक जीवन पर केंद्रित किया था। यह अवसर केरल के क्रांतिकारी चेम्पक रामन पिल्लै की जन्मशती का था और उन्हें समर्पित किए गए पत्रिका के इस विशेषांक का विमोचन वहीं तिरुअनंतपुरम में एक सादे समारोह में सम्पन्न हुआ। हम उस दिन तिरुवनंतपुरम में चेम्पक रामन के जन्मस्थल पर भी गए जिस जगह महालेखाकार का विशाल भवन है। हमारे साथ वहां के अनेक हिंदी सेवी और लेखक थे लेकिन चेम्पक रामन के जन्म के उस ठिकाने पर जाने के लिए हमारे लिए मुख्य द्वार भी नहीं खोला गया। हमने फाटक पर ही बैनर लगाकर उस क्रांतिकारी को याद किया जिन्होंने भारत से बाहर बनी क्रांतिकारियों के अंतरिम सरकार में विदेश मंत्री का दायित्व संभाला था, जबकि तब गठित हुई उस सरकार में राजा महेन्द्रप्रताप को राष्ट्रपति तथा मौलाना बरकतउल्ला को प्रधानमंत्री चुना गया था।

राजा महेंद्र प्रताप का इस देश में बड़ा सम्मान था। वे देश के क्रांतिकारियों और स्वाधीनता सेनानियों के बीच बहुत आदरणीय थे। जनता से मिले प्यार ने उन्हें संसद में पहुंचाया, जहां उनका स्वागत करते हुए जवाहर लाल नेहरू ने कहा था कि आज हमारे एक बुजुर्ग हमारे बीच आए हैं और उनके पुराने अनुभवों से हमें फायदा पहुंचेगा। राजा महेन्द्र प्रताप का एक बार अत्यंत भव्य अभिनंदन भी किया गया और उस अवसर पर

रामनारायण अग्रवाल, बनारसीदास चतुर्वेदी, पंडित सुंदर लाल, बाबा पृथ्वीसिंह आज़ाद, पंडित श्रीनारायण चतुर्वेदी, मन्मथनाथ गुप्त, डॉ. भगवान दास माहौर और सत्यभक्त द्वारा संपादित 800 पृष्ठों का 'अभिनन्दन-ग्रंथ' उन्हें भेंट किया गया, जिसमें जर्मनी के डॉ. वर्नर औन्तो वॉन हेंटिंग, जेनोबिया एच बाघी, लियोनिद मिट्रोविन, काका साहब कालेलकर, आचार्य जुगुल किशोर, बनारसी दास चतुर्वेदी, कर्मवीर पंडित सुन्दर लाल, कम्युनिस्ट पार्टी के संस्थापक सत्यभक्त, बाबू वृन्दावन दास जैसे अनेक लोगों ने उनके प्रति आदर व्यक्त करते हुए उनका मूल्यांकन किया था।

अपनी सघन सक्रियता के दौर में राजा महेन्द्र प्रताप ने लेनिन से भी भेंट की थी। उनका जीवन अत्यंत विशिष्ट अनुभवों से भरा-पुरा रहा। दुनिया के कितने ही देशों में उनकी कीर्ति और काम का डंका बजा। आज़ादी के बाद दिल्ली में आयोजित अखिल भारतीय स्वतंत्रता सेनानी सम्मेलन की अध्यक्षता उन्होंने ही की, जिसका उदघाटन प्रधानमंत्री इंदिरा गांधी ने किया था। वे निरन्तर 'विश्व-संघ' स्थापना पर जोर देते रहे। उन्होंने अपना नाम 'पीटर पीर प्रताप' रखा जो उनकी अडिग प्रतिबद्धताओं को जाहिर करता है। बाद को उनकी स्मृति और सम्मान में डाक टिकट भी जारी हुआ। ऐसे विश्व-क्रान्तिकारी को 'जाट राजा' के तौर पर स्थापित करना उनका अवमूल्यन है, भले ही उनके नाम पर विश्वविद्यालय कहे जाने वाली ईंट-पत्थरों की कोई इमारत खड़ी कर ली जाए।

30 वर्ष पूर्व चेम्पक रामन पिल्लै पर काम के दौरान मैंने 360 पृष्ठों की रगमी की तमिल पुस्तक 'जयहिंद चम्पकरामन' को हिंदी में अनुवाद करने के लिए मद्रास के सुलेखक डॉ. एम. शेषन को तैयार कर लिया था, लेकिन इसे छापने के लिए तब हिंदी का कोई प्रकाशक आगे नहीं आया। हमारे लिए चेम्पकरामन पिल्लै को याद करने का अर्थ उस पूरे क्रांतिकारी अभियान को उसे उसकी वैचारिक ऊष्मा के साथ रेखांकित करना है जिसके लिए संयुक्त रूप से राजा महेन्द्रप्रताप, मौलाना बरकतउल्ला और उनके सभी संगी-साथी सक्रिय और समर्पित रहे। हमारी जिम्मेदारी है कि हम उस सचेत क्रांतिकारी चेतना को किसी के हाथों खुर्द-बुर्द न होने दें।

राजा महेंद्र प्रताप

राजा अमर प्रताप सिंह पौत्र राजा महेन्द्र प्रताप सिंह

Illustrious Alumni...

Raja Mahendra Pratap Singh
President, 1st Provisional Government of India

Raja Mahendra Pratap Singh (1 Dec 1886 - 29 April 1979) was a freedom fighter, journalist, writer, and Marxist revolutionary social reformist of India. He took part in the Balkan War in the year 1911 along with his fellow students of MAO college.

On 1 December 1915, Mahendra Pratap (at the age of 28 years) established the first Provisional Government of India at Kabul in Afghanistan as a 'Government-in-Exile' of Free Hindustan as its President, Maulvi Barkatullah as Prime Minister, and Maulvi Abaidullah Sindhi as Home Minister.

He was nominated for the Nobel Peace Prize in 1932. He was a member of the second Lok Sabha (1957–1962). As an independent candidate from Mathura constituency he defeated Bhartiya Jana Sangh (now BJP) candidate, Atal Bihari Vajpayee in 1957.

In 1895, he was admitted to the Government High School in Aligarh, but soon joined the MAO College.

The Provisional Government in Kabul, Afghanistan

Knowing Sir Syed and his mission...

राजा महेंद्र प्रताप

सर्वधर्म समभाव रखते थे राजा महेंद्र

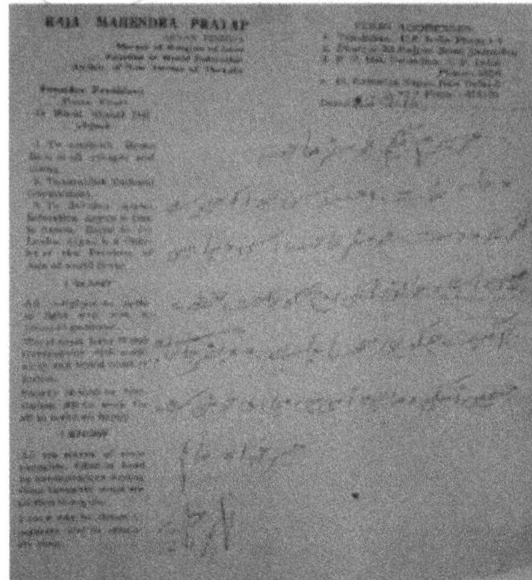

AMU ने राजा महेंद्र प्रताप का एक खत आज भी सहेजकर रखा है। यह खत राजा ने देहरादून चर्च के फादर जॉन फास्टर के निधन पर उनकी पत्नी को लिखा था। यह खत आज भी भाईचारे को बढ़ावा दे रहा है।

सर्व धर्म समभाव राजा महेन्द्र प्रताप

जाट समाज कल्याण परिषद (रजि.) ग्वालियर

एफ-13, डॉ. राजेन्द्र प्रसाद कॉलोनी जी., तानसेन मार्ग, ग्वालियर-474002 (म. प्र.)

फोन : 0751-4009946, मोबा. : 9685876484

क्रमांक 81/रा02/21

दिनांक 20-9-21

माननीय प्रधानमंत्री जी,

    जाट समाज कल्याण परिषद ग्वालियर म0प्र0 आपकी आभारी है कि आपके कर कमलों द्वारा अलीगढ़ में दिनांक 14 सितम्बर 2021 को राजा जी की स्मृति में राजा महेन्द्र प्रताप सिंह, राज्य विश्वविद्यालय का उद्घाटन किया गया । आपकी अप्रा प्रेरणा एवं मार्गदर्शन से यह पुनीत कार्य संभव हुआ । राजा महेन्द्र प्रताप सिंह (मुरसान हाथरस) ने अपने योवन काल के लगभग 34 वर्ष देश के बाहर 21 देशों में घूमकर देश की आजादी के लिए क्रांतिकारी कदम उठाये और संघर्ष किया तथा प्रथम विश्वयुद्ध के दौरान काबुल, अफगानिस्तान में निर्वासित सरकार का गठन भी किया । राजा जी एक महान स्वतंत्रता सेनानी के अतिरिक्त शिक्षाविद, महान दार्शनिक, दूरदृष्टा दानदाता (जो राजा से फकीर हुए) राजा विश्वबन्धु भी थे ।

    जाट समाज कल्याण परिषद ग्वालियर आपसे अनुरोध करती है कि राजा महेन्द्र प्रताप सिंह जैसे महापुरूष को भारत रत्न से भी विभूषित करने की कृपा करें, परिषद आपकी आभारी रहेगी ।

भवदीय

(जयवेन्द्र सिंह राणा)
अध्यक्ष

प्रति.
माननीय श्री नरेन्द्र मोदी जी
प्रधानमंत्री, भारत सरकार
नई दिल्ली

जाट समाज कल्याण परिषद ग्वालियर

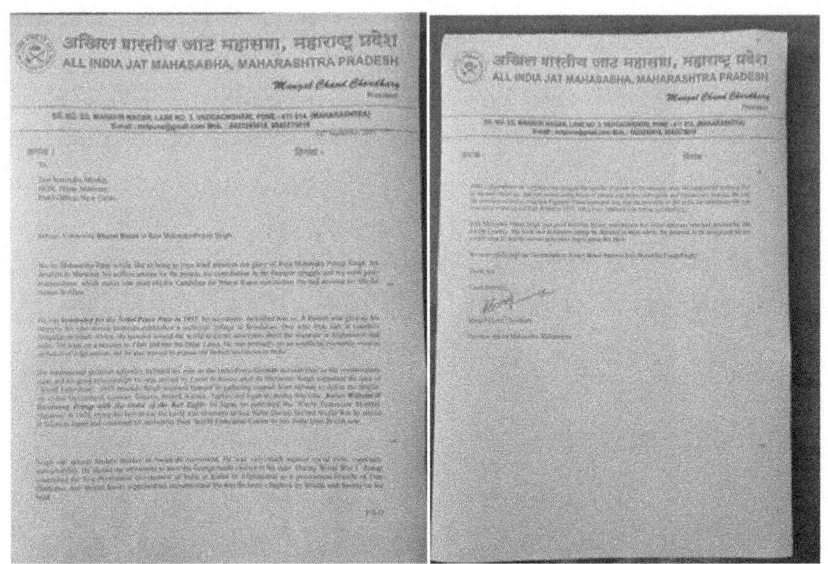

अखिल भारतीय जाट महासभा, महाराष्ट्र प्रदेश

लेखक - रनवीर सिंह (ranvir Singh)

लेखक - रनवीर सिंह (Ranvir Singh)

रनवीर सिंह (Ranvir Singh)

रनवीर सिंह (तोमर) आत्मज स्व. श्री दिलीप सिंह

बी.ई.(इलेक्ट्रिकल), एफ.आई.ई.,चार्टर्ड इंजीनियर.

जन्म - 02 जुलाई 1955

जन्म स्थान - गांव - नगला भूपसिंह , डाकघर - पिसावा , जिला अलीगढ़ , उत्तर प्रदेश 202155.

शिक्षा - बी. एससी. इंजीनियरिंग (इलेक्ट्रिकल) , अलीगढ़ मुस्लिम यूनिवर्सिटी अलीगढ़ उ. प्र. (1978)

सेवा - मध्य प्रदेश विद्युत मंडल (1979 से 2015), 36 वर्ष, सेवानिवृत्ति - अति.मुख्य अभियंता.

वर्तमान - फैकल्टी मेम्बर पावर डिस्ट्रीब्यूशन ट्रेनिंग सेंटर भोपाल

वर्तमान निवास - मकान न. डुप्लेक्स - 11. , कुटुम्ब अपार्टमेंट बलवन्त नगर यूनिवर्सिटी रोड , ठाठीपुर , ग्वालियर , म.प्र. 474002.

अभिरुचि - पुस्तक अध्ययन, इलेक्ट्रिकल विषयों पर लेक्चर देना, सामाजिक गतिविधियां, वृक्षारोपण कार्य आदि .

अणुडाक - er.rsingh55@gmail.com , चलित दूरभाष - +91- 9425137463.

प्रकाशित पुस्तकें - सामान्य - चौरासी का चक्कर , ज्योतिष और भारतीय पर्व, जीवन की प्रेरणादायक कहानियां ।

विद्युत- ऊर्जा संरक्षण एवं अक्षय ऊर्जा, विद्युत सुरक्षा एवं उपचार, विद्युत वितरण संचालन और संधारण, विद्युत ऊर्जा मीटर, अर्थिंग (भू-संयोजन), विद्युत वितरण

ट्रांसफ़ॉर्मर, विद्युत् लाइन , विद्युत उपकेन्द्र, पावर कैपेसिटर ।

जातीय पुस्तक - जाट संत, जाट कवि, जाट बिलदानी, जटवारा चम्बल सिंध, तोमर (तंवर-तनवर), जाट मुख्यमंत्री, जाट राज्यपाल, जाट महिला खिलाड़ी, जाट प्लेयर्स (कॉमन वेल्वेथ गेम्स वर्मिन्घम - 2022), Tomar Dynasty (तोमर डायनेस्टी), जाट प्रधानमंत्री, एक व्यक्तित्व राजा महेन्द्र प्रताप ।

(प्रकाशक - नोशन प्रेस, /Notion Press, वितरक - नोशन प्रेस, अमेज़न, फ्लिप्कार्ट, किन्डले)

9 7 9 8 8 9 4 7 5 9 1 7 3